JOGOS PARA EDUCAÇÃO EMPRESARIAL

Dados Internacionais de Catalogação na Publicação (CIP)
(Câmara Brasileira do Livro, SP, Brasil)

Datner, Yvette
　　Jogos para educação empresarial : jogos, jogos dramáticos, *role-playing*, jogos de empresa / Yvette Datner. – São Paulo : Ágora, 2016.

　　Bibliografia.
　　ISBN 978-85-7183-003-5

　　1. Educação corporativa　2. Empregados – Treinamento　3. Jogos educativos　4. Psicodrama　5. *Role-playing*　I. Título.

06-1459　　　　　　　　　　　　　　　　　　　　　　　CDD-658.312404

Índices para catálogo sistemático:

1. Educação empresarial : Jogos : Administração
　 de pessoal　658.312404
2. Jogos : Educação empresarial : Administração
　 de pessoal　658.312404

Compre em lugar de fotocopiar.
Cada real que você dá por um livro recompensa seus autores
e os convida a produzir mais sobre o tema;
incentiva seus editores a encomendar, traduzir e publicar
outras obras sobre o assunto;
e paga aos livreiros por estocar e levar até você livros
para a sua informação e o seu entretenimento.
Cada real que você dá pela fotocópia não autorizada de um livro
financia o crime
e ajuda a matar a produção intelectual de seu país.

JOGOS PARA EDUCAÇÃO EMPRESARIAL

Jogos, jogos dramáticos, *role-playing*, jogos de empresa

YVETTE DATNER

EDITORA
ÁGORA

JOGOS PARA EDUCAÇÃO EMPRESARIAL
Jogos, jogos dramáticos, role-playing, *jogos de empresa*
Copyright © 2006 by Yvette Datner
Direitos desta edição reservados por Summus Editorial

Editora executiva: **Soraia Bini Cury**
Assistente de produção: **Claudia Agnelli**
Capa: **Alberto Mateus**
Coordenação editorial: **Miró Editorial**
Preparação: **Rosamaria G. Affonso**
Revisão: **Renata Del Nero, Maria Aiko Nishijima e Cid Camargo**
Projeto gráfico e diagramação: **Crayon Editorial**
Impressão: **Sumago Gráfica Editorial Ltda.**

Editora Ágora
Departamento editorial
Rua Itapicuru, 613 – 7º andar
05006-000 – São Paulo – SP
Fone: (11) 3872-3322
Fax: (11) 3872-7476
http://www.editoraagora.com.br
e-mail: agora@editoraagora.com.br

Atendimento ao consumidor
Summus Editorial
Fone: (11) 3865-9890

Vendas por atacado
Fone: (11) 3873-8638
Fax: (11) 3873-7476
e-mail: vendas@summus.com.br

Impresso no Brasil

À minha mãe, que, mesmo morando em outro país,
acompanhou a escrita, ajudando-me a persistir.

Aos meus filhos, que me acompanham na vida,
nos sonhos, nas dores e nas realizações.

Aos companheiros do psicodrama brasileiro,
professores, alunos, pesquisadores e escritores que,
ao longo dos anos, vêm me estimulando a registrar minha
experiência com o psicodrama organizacional.

Aos participantes dos cursos, treinamentos e aos
supervisionandos, por serem fonte
permanente de renovação do conhecimento.

⋮ SUMÁRIO ⋮

Prefácio 9

Introdução 13

1 ⋮ O VALOR DOS JOGOS PARA A EDUCAÇÃO EMPRESARIAL 15

2 ⋮ "A RECREAÇÃO RE-CRIA AS FORÇAS DA ALMA" 21

3 ⋮ A ORIGEM DOS JOGOS 25

4 ⋮ OS FUNDAMENTOS DOS JOGOS 29
A teoria do desenvolvimento dos grupos 29
A concepção de rede de relacionamentos 35
A concepção de pessoa 37
A teoria de papéis de J. L. Moreno 39
Papel profissional e papel funcional 40
A importância do movimento para a aprendizagem
e a renovação de conhecimentos 41

5 ⋮ A EDUCAÇÃO EMPRESARIAL COM OS DIFERENTES TIPOS DE JOGOS 43
Os pré-requisitos para a utilização dos jogos 43
O espaço e o ambiente para jogos 44
O planejamento 44
Que jogos utilizar? 46

6 : CLASSIFICAÇÃO DOS JOGOS ... **48**

Jogos de empresa ... **48**

Jogos ao ar livre ... **52**

Jogos de movimento e de ação ... **52**

Role-playing, o grande jogo de papéis ... **53**

Jogos teatrais, simulações e dramatização de textos ... **64**

RPG presencial e virtual: os *role-playing games* ... **65**

Jogos com recursos de computador na educação
empresarial a distância ... **66**

7 : OS JOGOS ... **68**

Jogos para iniciar grupos ... **68**

Jogos para o desenvolvimento de equipes ... **81**

Jogos para profissionais de comunicação e atendimento ... **109**

Jogos para a qualidade de vida ... **116**

Jogos para incentivar mudanças ... **120**

Jogos ao ar livre ... **124**

Jogos de estratégia ... **128**

Referências bibliográficas ... **141**

⋮ PREFÁCIO ⋮

C onheci a Yvette mãe de adolescente um bom tempo atrás. Digo "bom tempo" por educação, pois as mulheres preferem que ninguém fale da sua idade; algumas delas, inclusive, não a confessa nem para o médico. Mesmo sob a ótica de sua filha adolescente, não ouvi nada que a desabonasse, além das situações próprias do crescimento. Esse tom de humor fino que acabei de usar é uma de suas características pessoais.

Conheci mais da Yvette pedagoga e psicodramatista nos trabalhos teóricos e práticos – sobre jogos, *role-playing* (treino e desenvolvimento de papéis) e treinamentos em empresas – que ela apresentava, nas atividades científicas do psicodrama, em vários eventos que iam de encontros e jornadas a congressos nacionais e internacionais. Já participei de eventos nos quais a própria Yvette era parte ativa da organização. Para todos os seus colegas e amigos, incluindo-me nesse rol, suas inúmeras atividades simultâneas evidenciavam quanto ela sabia orquestrar seus tentáculos, como um polvo exemplar.

Comprovam a sua idoneidade, respeitabilidade e competência empresas como Abbott, Embraer, Ford, Rede Globo, Sabesp, Sebrae, Unilever e muitas outras que receberam em suas sedes os ensinamentos e treinamentos de Yvette.

Graduada pela Associação Brasileira de Psicodrama e Sociodrama em 1977 e adepta da educação continuada, Yvette vem atuando há onze anos como didata supervisora na pós-graduação do convênio SOPSP/PUC-SP no curso de formação em psicodrama no foco socioeducacional e organizacional.

Em 2005, durante o 31º Congresso Nacional sobre Gestão de Pessoas (Conarh) – evento em que fui o palestrante do Encontro dos Gurus –, Yvette foi bastante elogiada pelos participantes ao apresentar o pôster "Um jogo inovador fazendo diferença: o *role-playing* para resolução de conflitos e tensões grupais".

Recentemente, conheci e apreciei bastante a Yvette escritora por meio desta obra, *Jogos para educação empresarial*, que ora estou prefaciando.

Como ela própria diz, o livro é o resultado de muitos anos trabalhando como consultora de treinamento e desenvolvimento profissional. Escrever sobre o que faz é passar o seu "pulo do gato" para outros profissionais, que logo estarão praticando o que aprenderam com ela.

Mas, se ela atingiu o sucesso desenvolvendo um trabalho próprio, não seria o caso de manter o segredo dessa inteligência profissional para garantir o seu nicho nesse competitivo mercado de trabalho?

Não a Yvette educadora. Ela sabe dividir o que tem com outras pessoas, principalmente com as que dela precisam. Tal divisão do educador foge às exatas contas matemáticas: quem divide cresce junto com os aprendizes. Guardar a sete chaves os segredos profissionais caracterizava a era anterior, a Era da Informação. Dividir o conhecimento é pertencer à Era do Conhecimento. E a Yvette educadora está superatualizada.

Yvette não teme expor seus jogos neste livro; ao contrário, estimula quem a lê a tomar conhecimento do que ela faz e a agregar suas particularidades e práticas pessoais. Provavelmente os leitores vão aumentar sua competência em lidar com conflitos de relacionamentos, desenvolvimento do papel profissional, liderança, formação e desenvolvimento de equipes.

Alguns mitos que levam em conta conhecimentos intelectuais e/ou habilidades mecânicas – como "bem formado, emprego garantido" e "bom trabalhador não vai para a rua" – são quebrados neste livro. Yvette propõe o que na sua prática tem provocado um grande aumento das competências profissionais e o desenvolvimento do lado sensível, humano, principalmente o da qualidade dos relacionamentos e experiências vivenciadas.

Com a leitura e prática dos jogos propostos neste livro, com certeza teremos melhores ambientes de trabalho, aumentando a ética, a qualidade relacional e a produtividade de cada um.

E, assim, teremos um mundo melhor!

Boa leitura e bom proveito!

IÇAMI TIBA

• • •

⋮ INTRODUÇÃO ⋮

E ste livro é o resultado de minha experiência de muitos anos como consultora de treinamento e desenvolvimento profissional. No decorrer dessa experiência, venho utilizando diversos tipos de jogos, especialmente o método do psicodrama, o *role-playing* e atividades com ação e movimento. Dada a valorização de recursos teatrais para treinamentos, o método *role-playing* – e suas técnicas – revelou-se eficiente para questões organizacionais como conflitos de relacionamentos, desenvolvimento do papel profissional, liderança, desenvolvimento de equipes etc. O método, aliado a jogos especialmente criados e/ou escolhidos para o ambiente e a cultura empresariais, forma uma metodologia de excelentes resultados para treinamento e desenvolvimento.

Todos os trinta e dois jogos aqui expostos têm como objetivo maior a saúde relacional, a saúde grupal e a saúde organizacional. Diversos jogos são de minha autoria e inéditos. Outros já são conhecidos, tendo sido apresentados em congressos. Outros mais foram incluídos, pois os considerei essenciais. É possível que algum leitor reconheça determinados jogos, já que, em cursos abertos, muitos participantes e companheiros instrutores aprenderam sua estrutura, seus fundamentos e sua aplicação, passando a utilizá-los à vontade e sem objeções minhas.

A primeira parte desta obra tem caráter prático, explicativo e histórico, facilitando o entendimento e a razão dos jogos na educação empresarial. São, assim, apresentados indicadores e fundamentos dos jogos e do *role-playing*, visando à construção de uma base sólida para conduzir programas de educação empresarial – ou treinamentos, como são mais conhecidos.

A segunda parte da obra contém trinta e duas fichas descritivas de jogos diferenciados e processuais, que foram selecionados por seu caráter dinâmico e instigante, com atraentes conteúdos para a educação empresarial. A maioria dos jogos é de média duração, pois são voltados ao aprofundamento de conhecimentos pela vivência presencial, olho no olho, tão a gosto de J. L. Moreno, o criador do psicodrama. Os jogos com recursos de computador são também abordados por serem, hoje em dia, cada vez mais solicitados em cursos e treinamentos a distância, pelo valor lúdico que proporcionam à aprendizagem.

...

:1:
O VALOR DOS JOGOS PARA A EDUCAÇÃO EMPRESARIAL

DIARIAMENTE, sem hora marcada e de forma contínua, da pequena à grande empresa, uma onda causa impacto no cenário de trabalho, fruto da pressão do cruzamento das informações em alta velocidade, à qual nossa biologia não está preparada para responder, obrigando-nos a uma adaptação e a transformações de referenciais do fazer, do pensar e do tempo de sentir.

O mundo do trabalho vem se pautando por estes fatores que desafiam sem trégua a inter-relação sistêmica do nosso pensar, sentir e agir na complementaridade das relações, comprometendo mais fortemente as relações interpessoais e grupais, *locus* onde justamente se fermentam a vida e os conhecimentos.

A necessidade permanente de desenvolvimento e aquisição de novos conhecimentos organizacionais provoca um movimento de obrigação de acessar conhecimentos que agreguem valor ao papel profissional, aos seus complementares, à própria empresa e ao sistema de mercado no qual a empresa está inserida – e nele deverá criar e assegurar um espaço para gerar resultados. Não há nenhuma organização ou empresa no nosso sistema econômico que não exista em função das regras de mercado.

Esses conhecimentos precisam atrelar-se a novas formas de relacionamento, gestão, estrutura, logística, procedimento, encaminhamento e trabalho, exigindo mudanças nas pessoas, na sua maneira de pensar, ser, sentir e agir no trabalho, incluindo uma visão de mundo e de vida. Com as regras de mercado constantemente renovadas, a educação formal adquirida não dá mais conta sozinha de fornecer soluções ou criatividade para os resultados que são determinados, dada a dinâmica das mudanças que a globalização impõe. Além disso, especializações e pós-graduações, e seus respectivos títulos, para jovens profissionais não mais garantem uma contratação em moldes dos paradigmas e valores relacionados ao trabalho, dentre os quais: "bem formado, emprego garantido" ou "bom trabalhador não vai para a rua". Acontece que essa formação atualmente açambarca os conhecimentos do tipo do saber, conhecimentos do tipo intelectual, e é o que os certificados e diplomas revelam. O lado sensível, humano, principalmente o da qualidade dos relacionamentos e experiências vivenciadas, fica a desejar, criando técnicos *superconhecedores*, mas pouco hábeis na relação e comunicação com pares, subordinados, superiores e principalmente com clientes.

A educação empresarial aqui proposta é a que enfoca prioritariamente as habilidades de relacionamento, vivências e competências pessoais, profissionais e funcionais necessárias à saúde das relações interpessoais no trabalho entre e intragrupos que trabalham juntos num mesmo ambiente e organização, com a mesma missão, valores e metas e que recebem todo tipo de pressão comum. Visualizando esse conjunto como uma rede de relações, é nítida a conseqüência desses fatores na maior ou na menor saúde das organizações.

A educação empresarial enfoca o desenvolvimento das competências humanas e das relações comportamentais, pois trata da troca, do compartilhar, do saber viver e conviver com outros, pelo conhecimento adquirido de vivências significativas, formando um acervo para enfrentar novas situações de trabalho, novos papéis de liderança, de gestão e de trabalhador. Trata do desenvolvimento das pessoas nas mais amplas dimensões do seu ser – o ser integral-criativo –, que produz e vai mais além do que a demanda de mercado e do que as organizações prevêem, por ter como foco a pessoa em relação. Os métodos tradicionais de treinamento não dão mais conta de propor encaminhamentos processuais de evolução e transformação. E os novos não poderão engessar e aprisionar o homem em função das exigências do mercado ou do alcance de resultados a qualquer preço.

Constitui-se, então, como objetivo da educação empresarial desenvolver autonomia, autoria e atuações com criatividade e espontaneidade permeadas pela ética. Devemos, assim, revisitar o conceito de educação nas empresas, agregando o lúdico.

Acompanhando a evolução dos recursos didáticos e educacionais desde a década de 1950, os jogos, as atividades de ação, as dinâmicas de grupo, o teatro e as simulações são conhecidos recursos didáticos, proporcionando ótimos resultados em diversas linhas pedagógicas. No entanto, são muito mais aprovados e totalmente aceitos para a educação infantil. Para a educação dos adultos, essas práticas não podiam fazer parte dos métodos, pois eram estruturadas tendo como base o desenvolvimento da criança.

Aos poucos, os jogos financeiros e estratégicos foram introduzidos e tornaram-se os primeiros a serem utilizados em treinamentos para *decisores* de empresa. O conhecimento de como o adulto aprende acabou por recriar os métodos citados como didáticos para adultos.

Interessante é que os adultos sempre jogaram os mais diversos jogos, desde os tempos mais remotos, mas durante muito tempo a aprendizagem somente era considerada de boa qualidade por meio das palavras. Como o jogo poderia ensinar alguma coisa? Como o teatro e o movimentar-se poderiam? Afinal, sentar, fixar o olhar e ouvir constituíam uma postura séria de estudante que queria aprender! Rir, trocar, falar, agir etc. só nos intervalos. E quando entre adultos, a postura era mais sisuda, para fazer valer o sério.

Com essas mudanças e a inclusão da tecnologia nos processos de construção do conhecimento, o papel do instrutor/professor transforma-se: em vez de usar a fala discursiva com *script* pronto e repetitivo, ele passa a construir uma relação de produção do conhecimento com as pessoas. De um lado, em programas presenciais, há uma proximidade maior entre os participantes e a implicação do consultor (instrutor, professor) de forma mais natural e pertinente às relações humanas, que passam a ser vistas como garantia de que o conhecimento será obtido. De outro, em programas a distância, há um cuidado especial com cada aluno por parte dos tutores, mas também são incluídos aí os maiores e diferentes jogos e os mais diversos recursos didáticos. O professor e/ou instrutor passa a ser um co-participante do processo. A educação empresarial fundamenta-se numa ciência social e humana, tendo por eixo uma concepção de relacionamento, de trabalho, de grupo, quebrando padrões burocráticos da relação de aprendizagem, valorizando a co-produção de conhecimentos comportamentais e técnicos, visando às relações interpessoais, à própria pessoa como ser integral e ao grupo protagonista em qualquer instância da empresa.

Na atualidade, as empresas estão com pressa. As pessoas também. O tempo parece mais curto, a tensão aumenta, há fortes exigências, pressão, ninguém respira, novos conhecimentos e milhões de informações chegam a tal velocidade que nem dá tempo de entender e elaborá-los, porque, logo em seguida ou simultaneamente, já chegam novos.

Nesse contexto, as melhores práticas de educação empresarial no formato de treinamento e desenvolvimento são jogos, *role-playing*, métodos de ação, dinâmicas e atividades de caráter lúdico. Quando se fala em lúdico, logo vem à mente o brincar da criança, a brincadeirinha e quase sempre a idéia de algo sem responsabilidade adulta, sem resultados e conseqüências. O jogo é atualmente uma das melhores práticas da educação empresarial: jogos de todo tipo em sala ou ao ar livre; jogos de papéis, teatrais, esportivos, de tabuleiro, de negócio, de empresas. O que faz diferença não é o jogo como recurso novidadeiro, o estar na moda, e sim o fato de ele constituir um poderoso instrumento e recurso de desenvolvimento de pessoas e dos grupos. O que faz diferença é fundamentar e determinar o porquê de um jogo, saber escolher, adequar e finalizar os jogos por processamentos que validam a aprendizagem. Os jogos e seus intricados meandros, excelente método por expressar a essência do ser humano, levam à melhoria da saúde relacional, grupal e organizacional.

Uma questão importante é saber se os jogos para a educação empresarial são brincadeiras ou aprendizagem, e se o caráter lúdico pode dar seriedade a vivências e aprendizagem de competências comportamentais e relacionais. O uso do termo "brincadeira" para caracterizar uma atividade ou atribuir uma conotação de passatempo num programa de treinamento acaba por dar a impressão de superficialidade e de não seriedade. Ouvem-se muito as seguintes frases: "Vamos agora fazer um joguinho" ou "Passaremos agora a uma brincadeira..." e também: "Vamos brincar ou fazer uma brincadeirinha". A confusão (e muitas vezes o desconhecimento) acabam por diminuir o alcance de um jogo, e o grupo não aproveita nem ao menos o conteúdo da experiência, pois a senha que lhe foi transmitida é "não leve a sério". De uns tempos para cá, tem aumentado a procura indiscriminada de jogos para utilização em eventos, convenções e treinamentos, sem muitas vezes terem uma escolha fundamentada. Acabam sendo alvo de banalizações e desprezo pelos participantes, não proporcionando a vivência do lúdico e do prazer do jogo como aprendizagem de um conjunto de dados, fatos e circunstâncias simultâneos, e não acrescentando nenhum ganho pessoal e profissional. De outra forma, num mesmo evento pode haver as mais diversas atividades conquanto seus objetivos sejam claros: divertimento, brincadeira, jogo, esporte, aprendizagem, celebração, por exemplo.

A *ludicidade*, ou o caráter lúdico, sua necessidade como um bem e um direito do ser humano, está sendo reconsiderada e valorizada, permitindo a utilização de recursos, como jogos, que possibilitem a expressão mais autêntica e genuína das pessoas. No entanto, mal utilizados, causam prejuízos de longo alcance. Por causa das inadequações na sua aplicação, jogos e atividades de ação foram alvo de rejeição e negação fundamentalmente nos treinamentos de adultos que, ao se sentirem um tanto infantilizados, passaram a rejeitar qualquer ação que tivesse jeito de jogo. Da mesma forma, aconteceu com as dinâmicas: "Vai ter dinâmica hoje?" Atualmente, a sua retomada e a sua revalorização incluíram-nos na educação empresarial, pois bom humor, alegria, ação, experimentação, vivência, otimismo, agilidade, prontidão... são competências de alto valor pessoal e profissional. Hoje, jogos embasados e fundamentados são um excelente recurso educacional, principalmente na atual conjuntura das empresas.

...

:2:
"A RECREAÇÃO RE-CRIA AS FORÇAS DA ALMA"

Em TREINAMENTOS, os jogos têm por base a espontaneidade e a criatividade para promover o jogar junto, no sentido da união e cooperação. Os jogos escolhidos para programas de educação empresarial, fundamentados nos princípios do desenvolvimento pessoal, profissional e de grupos, são destinados a maximizar a característica do *Homo ludens*, isto é, a necessidade do jogo, de ações de caráter lúdico, intrínseco ao homem. Faz parte de sua essência o jogar, o imponderável, o ir em direção ao destino sem saber o que vai acontecer, o levantar hipóteses, o experimentar outra realidade na própria realidade. O ser humano precisa jogar, pois é jogando que aprende a viver. Por isso, otimizar o uso de jogos sob esta perspectiva é facilitar a aprendizagem, mudanças, criatividade, motivação, energia e prazer. Só aprendemos quando há satisfação prazerosa. Os jogos bem contextualizados são uma das fontes desse prazer resgatado.

No atual contexto do trabalho, erro zero, objetividade, dar resultados já exigem do papel profissional um fazer, sentir e pensar em espaços físicos individuais cada vez menores, com a conseqüente mudança de posturas físicas quanto à comunicação verbal, comunicação mais virtual que presencial, sem as características da comunicação gestual e expressiva do "olho no olho", e da comunicação corporal, o que produz novas reações, até então desconhecidas, e nem pensadas, que passam a fazer parte do comportamento e das atitudes do profissional.

Observa-se nos jovens profissionais uma maior facilidade de adaptação a essas condições físicas de trabalho, até porque têm intimidade com a tela, os *games* e o computador, numa relação eu–objeto, e toda uma série de aparelhos que emitem voz, som, melodia, tocam, registram, recebem e mandam mensagens pelo imenso espaço virtual de comunicação. Esse mergulho e essa vivência virtuais, em que as relações se dão também virtualmente, podem dificultar o relacionamento interpessoal, ocasionando problemas de comunicação, principalmente quanto à compreensão, o ouvir e o saber expressar-se em público e em grupo. Chama a atenção esse novo ambiente de trabalho e essa contradição entre o valor do trabalho individual *versus* o valor do trabalho em equipe, pois os dois são forte e simultaneamente exigidos.

Por outro lado, a arquitetura atual de escritórios, sensível a essas questões, tem proposto soluções ambientais interessantes para facilitar o contato, as reuniões, o trabalho em equipe e as possibilidades de dar atenção ao colega e parceiro de trabalho. No entanto, tais atitudes podem ser desenvolvidas com maior atenção para com o outro, com compartilhamento, ajudar e receber ajuda em momentos de maior dificuldade do trabalho, com jogos de desenvolvimento de equipes, fortalecimento dos relacionamentos e melhoria da comunicação. Em algumas empresas, equipes que funcionam a distância não vivenciam a riqueza do presencial como fator de balizamento da vivência das relações, construção de relações interpessoais, de grupo, colaboração e cooperação. Treinamentos a distância, que usam inclusive jogos, têm mudado a tradicional forma de aprendizagem, comunicação e troca do conhecimento. Em muitas organizações, programas de qualidade de vida, *workshops*, vivências e jogos presenciais fazem o contraponto a esta realidade de aprendizagem. Um novo jogo se estabeleceu: o jogo do virtual na realidade presencial e vice-versa.

E hoje, qual é a visão do ser humano do século XXI e quais são suas necessidades reais e concretas? Ainda, é importante refletir o que é próprio da essência mesma do ser humano e das características impostas pela realidade externa, e o que esse *mix* causa. Criar, planejar e realizar momentos de aprendizagem e desenvolvimento pessoal e profissional com métodos de ação, métodos lúdicos, expressivos do eu, do grupo e da organização colocam em cena uma necessidade humana essencial: a de se expressar com todos os recursos, físicos, mentais, emocionais, de movimento e ação. O jogo resolve essa conexão, pois o lúdico proporciona a entrada em cena de todos os elementos do ser humano, aumentando a motivação: pela vida, pelo futuro, pelo sucesso, pelo trabalho ou pelas mudanças. Diz J. L. Moreno, pai do psicodrama: "A brincadeira sempre existiu, é mais velha que a humanidade (...) Historicamente, o psicodrama se origina dos princípios do jogo". E São Tomás de Aquino, no século XV, na sua *Suma teológica*, já dizia que: "A recreação re-cria as forças da alma".

O lúdico é fundamental para resgatar a essência de ser. O jogo é o meio de vivenciar outros ambientes, outros horizontes, outras relações, sobrepujando as pressões que impedem a expressão livre e espontânea do eu de cada profissional. A movimentação, a tensão física, a concentração e o envolvimento no jogo são manifestações de saúde. Mesmo quando o conteúdo do jogo lida com os dados da própria empresa, como nos jogos de empresa e nos jogos de negócio, em que números, dados e informações são reais, e nos quais o resultado deve oferecer um quadro para tomadas de decisões estratégicas, para a quebra da rotina do fazer, com a participação de todos, não importando o nível funcional, mas sim mesclando hierarquias, ele assinala a contribuição da ludicidade da "realidade na realidade", libertando a fantasia, a imaginação e a criatividade na co-criação do novo, de outras formas de estar tanto nos vários espaços de produção internos da empresa como no externo, a empresa no mercado, obtendo maior sucesso no empreendimento econômico ou nas mudanças do clima organizacional, particularmente na motivação.

No ambiente de trabalho, jogos inteligentes, que valorizam a capacidade das pessoas, são bons auxiliares na prevenção de alterações de humor, reação à frustração, energia e motivação, pois, desafiando a ousadia, o "lançar-se" ao enfrentar o novo estimula a utilização de competências, muitas vezes pouco expressadas, para gerar alternativas e decisões originais, novas soluções para os desafios do cotidiano de trabalho, revigorando a criatividade, a visão e a percepção de perspectivas de futuro e recolocando o ser humano na sua dimensão de ser cósmico e livre.

...

: 3 :
A ORIGEM DOS JOGOS

EM PORTUGUÊS, a palavra jogar refere-se a jogos com regras, ao contrário de brincar, que leva em conta mais o aspecto infantil, da criança. Portanto, o jogo estaria mais apropriadamente atribuído a atividades dos adultos. A palavra *ludus*, em latim e em outros idiomas, acumula os dois significados: jogar e brincar. Podemos, assim, atribuir seriedade ao jogar somada à leveza do brincar sem infantilizar as atividades, nem exigindo dos participantes adultos que se tornem crianças por algumas horas. Os adultos, como as crianças, prestam-se ao jogo pelo prazer.

Até o século XIII, a palavra *jocus*, em latim, tendia a ser utilizada para jogos com palavras, por exemplo, os enigmas. Já *ludus* era mais empregada para jogos de ação, não-verbais. Depois do século XIII, as duas palavras aproximaram-se em seu significado e viraram praticamente sinônimos.

Desde a Antigüidade, de acordo com dados dos primeiros grupos humanos, o jogo existe. Tem-se notícia de que o primeiro jogo de tabuleiro, datado de 4.500 anos atrás, aconteceu na Mesopotâmia.

No século XIII, São Tomás de Aquino, referência na educação, em sua obra *Suma teológica*, dedica páginas e páginas à necessidade do desenvolvimento e da liberdade da característica lúdica do Homem como componente da sua própria essência de ser. Insiste em que a escola deve deixar de ser sisuda para ser lúdica, pois se aprende mais e melhor com jogos. Uma de suas máximas, como já dissemos, é: "A recreação re-cria as forças da alma".

Nada como proporcionar esta mesma indicação nos processos de educação empresarial e de treinamentos para que os participantes possam *recriar* as forças para a vida, para o trabalho e para a aprendizagem do novo, como expressão de liberdade, jogando para aprender a viver.

Foi na década de 1950, nos Estados Unidos, que jogos foram introduzidos como recurso de treinamento, primeiramente na área militar, por causa do raciocínio estratégico e da visão de oportunidades de lances, com a fundamentação da teoria de jogos, que desenvolveu o estudo das probabilidades matematicamente equacionadas de acerto de lances e jogadas. Essa experiência foi passada para a área financeira, sendo os jogos amplamente utilizados para simulações de estratégias de soluções de problemas que fossem além da previsão de situações e aplicassem os princípios das probabilidades da teoria dos jogos. Nas empresas brasileiras, somente na década de 1980 foi que os jogos começaram a fazer sucesso.

Huizinga, filósofo da história, escreveu em 1978 o livro *Homo ludens*, no qual argumenta que o jogo é uma categoria absolutamente primária da vida, tão essencial quanto o raciocínio (*Homo sapiens*) e a fabricação de objetos (*Homo faber*), daí a denominação *Homo ludens*, cujo elemento lúdico está na base do surgimento e desenvolvimento da civilização. De acordo com o autor (1978, p. 3), o jogo é "uma atividade voluntária exercida dentro de certos e determinados limites de tempo e espaço, segundo regras livremente consentidas, mas absolutamente obrigatórias, dotado de um fim em si mesmo, acompanhado de um sentimento de tensão e alegria e de uma consciência de ser diferente de vida cotidiana".

Com Huizinga, aprendemos que:

- nas sociedades antigas, não havia distinção entre jogos infantis e adultos; eles eram coletivos;
- o jogo era considerado um vínculo entre as pessoas, grupos, classes e gerações, entre passado e futuro. Gradualmente, esse caráter foi sendo perdido ao longo da história, e o jogo transformou-se em uma atividade mais individual;
- as influências educacional, religiosa e social, alterando os valores morais, consideravam a criança um ser não maduro para o convívio com o adulto, sendo que deveria ser submetida a um "regime especial";
- os jogos e os divertimentos coletivos foram abandonados, e o ato de brincar foi desvalorizado, por não ter função econômica aparente. Com o surgimento do capitalismo, tal crença teve mais força, pois o jogo não podia ser associado à produção e ao trabalho, tornando-se algo inútil.

A reconquista dos jogos para adultos, no contexto do seu desenvolvimento continuado, recupera a espontaneidade, eixo da essência da vida. Quer seja para crianças quer para adultos, o jogo, para ser jogo, precisa de regras definidas, de jogadores e de um objetivo. Um jogo, para ser jogo, precisa ter estratégias, etapas definidas, um "passo-a-passo". Um jogo, para ser jogo, precisa instigar, emocionar, causar tensão produtivamente, atiçar a curiosidade e a vontade de percorrer a estrada do jogo como que atrás do destino; precisa provocar o riso, a alegria e emoções diversas e suscitar a atenção e a observação, fazendo da concentração um elemento fundamental. Mobiliza o ser por inteiro: as operações mentais, as emoções e os sentimentos, o corpo. Tanto a alegria como a tristeza, o sucesso e a frustração, dentre outros sentimentos, levam os jogadores a compreender e a conhecer o conjunto de manifestações do homem. O importante no jogo é o envolvimento do sujeito lidando de forma cada vez mais criativa e interativa com seu mundo interno e externo. A grande vantagem dos jogos na educação empresarial é proporcionar a vivência sistêmica do maior número de competências humanas e organizacionais, pois para jogar o sujeito mobiliza todas as competências adquiridas anteriormente, aprende e desenvolve novas.

Para ser dirigido a adultos, o jogo precisa ter o caráter do aprender do adulto com estrutura do lúdico:

- jogar do adulto com um quê de brincar;
- o engraçado, o bom humor, a jovialidade, a leveza da ação, a convivência agradável, divertida, amável e acolhedora;
- ponto alto: o relacionamento, a força das relações entre as pessoas; o coletivo;
- desafio do desconhecido, que depende das jogadas e da cooperação;
- a variedade de emoções e de pensamentos diversificados;
- a descoberta de habilidades, até então desconhecidas.

:4:
OS FUNDAMENTOS DOS JOGOS

NESTE CAPÍTULO, são apresentadas as bases metodológicas que pautam os jogos utilizados na educação empresarial. As pessoas, os grupos nas suas várias fases, o relacionamento e os papéis formam os indicadores para a utilização dos jogos descritos na segunda parte desta obra.

A TEORIA DO DESENVOLVIMENTO DOS GRUPOS

Para entendermos os aspectos dos grupos, suas dinâmicas, é preciso ter claras as fases pelas quais passam durante o seu desenvolvimento. Os grupos são "entidades vivas" que se movimentam, comunicam, agem, avançam ou recuam, enfim, estão sempre expressando um momento. Reconhecê-los será o primeiro ponto positivo para planejar treinamentos em geral e especialmente os que utilizam jogos.

Compreender e saber como se dão os relacionamentos complementares entre profissionais no trabalho e nas relações interpessoais, os sentimentos e as emoções, como o pensamento funciona e reconhecer em cada cultura as posturas típicas determina o perfil do grupo em cada momento do seu percurso. É importante saber que isso não é estático e, sim, extremamente móvel. Quando um grupo estagna, ele pára de crescer, mas continua repetindo os seus fenômenos internos sem criatividade.

J. L. Moreno, autor que se destacou justamente por ter tido a ousadia e a coragem de ser diferente dos cientistas e pensadores de sua época, iniciou suas pesquisas sobre as razões de determinados comportamentos e atitudes nos jardins de Viena, cidade onde estudou e se formou, tanto pela observação como pela ação do brincar de faz-de-conta com crianças, observando a repetição e a diversidade de papéis assumidos por aquelas crianças. Como era fácil brincar! Como era fácil alegrar-se! Como era fácil aparecerem tensões e conflitos, e como tudo era natural! Em seguida, ele estuda e se envolve com diversos grupos de excluídos, como refugiados de guerra e prostitutas, por exemplo, para entender como a sociedade se organizava de forma a ter grupos sociais em posições de aceitação e outros de não-aceitação, ou seja, de rejeição. O que atraía as pessoas para se aglutinarem? Tanto para uma como para outra forma? Por que os conflitos? Por que as relações tão complexas? Por que as rejeições, as discriminações e os preconceitos?

Moreno é o criador da socionomia, estrutura teórica que propõe uma articulação entre a concepção de ser humano, em rede de relações e normas sociais, e um diagnóstico dessas mesmas relações pela sociometria, que é a metodologia de pesquisa, cujos resultados de maior ou menor saúde da rede de relações grupais são tratados com os métodos da sociodinâmica, um conjunto de métodos e técnicas de ação dramática, tais como os jogos dramáticos, o *role-playing*, o jornal vivo, dentre outros, cuja finalidade seria alcançar a saúde da humanidade, ou sociatria, com a qual o autor se permite lançar uma utopia! Com foco nas relações saudáveis entre as pessoas por meio da complementaridade de seus papéis, Moreno defende que somente pela espontaneidade e pela criatividade é que a humanidade encontrará um caminho de paz e harmonia. Elabora uma articulação teórico-prática na qual a relação é o centro, pois são as relações entre os homens que garantem uma teia entrelaçada de dinâmicas de sentimentos, emoções, pensamentos e ações entre as pessoas em qualquer papel. Na abordagem moreniana, encontramos fundamentos sólidos para o uso dos métodos de ação, entre eles os jogos dramáticos, o *role-playing*, o sociodrama tematizado, e o jornal vivo, que se aplicam às organizações para tratar das questões mais genuínas de relações interpessoais e grupais do espaço nas empresas.

Segundo tal abordagem, todo grupo é constituído por três forças: a aceitação, a rejeição e a indiferença. Normalmente, essas três forças coabitam num grupo e se tornam, por assim dizer, "protagonistas" em diversos momentos nas relações internas. O que costumamos observar é um equilíbrio dessas forças relacionais – o que dá, de certa forma, um equilíbrio ao grupo. No entanto, poderemos ter em maior grau uma ou outra, desenhando, a cada manifestação, um formato de grupo. Portanto, os grupos não são estáticos. Essas forças se dão de acordo com os critérios de cada participante do grupo. Por exemplo, fulano pode aceitar beltrano quanto à confiança – o outro lhe é confiável, mas quando se trata de trabalhar em equipe o rejeita, pois ele é centralizador e não delega, não compartilha ou não colabora. Assim, a aceitação, a indiferença e a rejeição são redes complexas. Caso um critério de rejeição seja preponderante, a sensação que se tem é de que a pessoa por inteiro rejeita a outra por inteiro, causando tensões e conflitos. Aprofundando os critérios e valores do grupo, chega-se a uma melhor compreensão desses fenômenos por parte dos membros do grupo, que podem, assim, gerenciar essas questões. Sem nomear os participantes, há jogos que tratam não só de evidenciar essas características, mas também de praticar mudanças nas percepções.

Em qualquer jogo, o grupo vivencia entusiasmo, curiosidade, motivação, descontração, tensão, concentração, atenção, espontaneidade, criatividade, recreação que re-cria forças, ação, palavras que completam a ação, relações, observação, atenção, percepção, alegria, objetivo, organização, estrutura, material e ambiente. É preciso acrescentar a necessidade do conhecimento sobre grupos e das etapas de evolução dos grupos para podermos adequar a escolha do procedimento–jogo à etapa de evolução grupal e de papéis dos jogadores. Para cada etapa e dinâmicas relacionais, corresponderão necessariamente determinados tipos de jogos, segundo seus objetivos.

Como as relações são altamente dinâmicas, ora teremos aceitações mútuas entre duas ou mais pessoas, que serão por sua vez, como par, trio ou outro formato, por exemplo, alvo da indiferença ou rejeição por uma grande parte do grupo. Outras vezes, teremos dois subgrupos que podem se rejeitar, serem indiferentes ou se complementar. E até formar um grupo único pela aceitação e complementaridade de diversos critérios.

Uma boa leitura de grupo é fundamental como guia de planejamento. E, para isso, entender como os grupos evoluem é fundamental. Tenho utilizado uma nomenclatura para cada etapa, que facilita a sua compreensão.

1ª FASE • Fase amorfa. Estranhamento inicial, quando as pessoas chegam para um evento ou são agrupadas para trabalharem juntas, são apenas vizinhas, e há um sentimento de estranhamento, ninguém conhece ninguém. Se já se conhecem, não se reconhecem naquela circunstância do evento. Cada um está voltado para si, os outros não existem ainda.

Qualquer início de treinamento revela esse comportamento dos participantes, mesmo que sejam de uma mesma equipe. A situação é nova, o ambiente é novo, muitas vezes o coordenador/instrutor também, sua voz, seu jeito, além dos próprios objetos da sala. Tudo interfere na "desacomodação" inicial e faz que cada um escolha seu espaço e o reserve para si. Mal olha para o vizinho. E se veio acompanhado, pretendendo apoiar-se no companheiro, nesse momento se tornam desconhecidos, porque estão em outro papel, um novo papel, o de participante daquele evento ainda desconhecido e novo. É a fase de o *eu* estar consigo mesmo, em que cada um escolhe um lugar, reserva para si, reserva o território onde se sente mais seguro. Quase não se fala, olha-se para o nada e o vazio do ar...

Nenhum relacionamento se estabelece, não há trocas, até porque os objetivos e as expectativas não estão definidos e claros. Não há contrato entre os participantes.

Nesse momento de percepção individual, há uma angústia em cada participante, angústia que pode provocar a expansão da ação em direção aos demais ou a retração.

Por ser uma fase crucial, os jogos deverão proporcionar as primeiras aberturas e espaços de expressão em que o bem-estar e o conforto serão os objetivos, para permitir o início da formação de relações. A leitura correta traz ao coordenador de grupo a segurança do encaminhamento do processo e da seleção.

2ª FASE ● Fase do conhecimento recíproco. Fase da confusão. A segunda fase é caracterizada por certa confusão, pois o movimento que o grupo inicia é o de buscar se localizar e saber a respeito do outro, e faz isso não como grupo que ainda não é. Cada participante age como se estivesse sozinho. É a fase da possibilidade da relação eu e tu, à qual se segue o acréscimo de um terceiro elemento, de um quarto etc., e busca-se o outro como de igual forma se deseja ser procurado para ser/ter parceiro.

Nessa fase de início da formação de um grupo, um grupo temporário, como em cursos abertos, treinamentos ou início da formação de equipe de projeto, por exemplo, três fenômenos são manifestos: a aceitação, a indiferença e a não-aceitação, que acontecem junto com a expectativa de ser aceito ou ser alvo de indiferença e não ser aceito, lembrando que esses três fenômenos se dão com base em determinados critérios e motivações.

Nem sempre este movimento abrange todos, pois há escolhas positivas e recíprocas, a aceitação, como também escolhas negando a aproximação, a rejeição e até mesmo a indiferença. Aquela ou outra pessoa não me atrai, mas também eu posso não ser escolhido. Essas escolhas, segundo a sociometria moreniana, são da minha percepção para com o outro e do outro em relação a mim. Não são calculadas ou pensadas racionalmente. São naturais do ser humano em qualquer circunstância. O que nos chama a atenção no outro e o que em nós chama a atenção do outro.

Serão escolhidos jogos de movimento de aproximação, de se chegar ao outro, de permitir que o outro se aproxime, de olhar, de ouvir, enfim, um movimento em prol do encontro, sem exigir um resultado *a priori* nem cobrança das pessoas. O resultado estará nas relações que o grupo autoriza e suporta.

3ª FASE • Fase da ação. Fase da organização. Temos então a terceira fase, na qual uma primeira rede de relações vai se organizando. É neste ponto que o grupo estabelece seu funcionamento e suas regras bem como os papéis grupais. O grupo se organiza. Esta conjuntura levará a um maior ou menor ritmo de vitalidade, facilidade de andar junto e de co-construir e co-desenvolver-se. É a fase de diversas possibilidades de subgrupos, porque é o momento das descobertas do que há em comum e de diferente no grupo, e, sob essas condições, formam-se subgrupos de mesma referência, em que há complementaridades, cooperação e energia de co-construção. É uma fase de ação, na qual a competição pode se expressar e deve ser aproveitada para jogos de empresa ou de negócios, nos quais a competição no mercado, os concorrentes e demais situações da empresa são importantes e devem ser vivenciados, mas em conjunto, com cooperação, solidariedade e espírito de time. Considera-se que o grupo sente-se fortalecido pelas relações e até mesmo pela ação e pelos vínculos em desenvolvimento. Por outro lado, é a grande fase da ação pela cooperação, inclusive para os participantes criarem juntos as estratégias competitivas de negócio.

4ª FASE • Fase das relações mútuas. Fase da produção. A quarta fase, a da produção, mobiliza o grupo a determinar objetivos comuns, caminhar em direção a objetivos e metas, decidir processos e métodos, criar alternativas, comunicação entendida e cuidada e sentimento de reciprocidade permeando as relações.

A CONCEPÇÃO DE REDE DE RELACIONAMENTOS

O conceito de *rede* é fundamental para nossa leitura dos grupos. A palavra rede é bem antiga e vem do latim *retis*, que significa entrelaçamento de fios que formam uma espécie de tecido. A rede é o único padrão de organização comum a todos os sistemas vivos: e aqui podemos imaginar uma grande teia de interconexões. Estruturas flexíveis e cadenciadas, as redes se estabelecem por relações horizontais, interconexas e em dinâmicas que supõem o trabalho colaborativo e participativo. As redes se sustentam pela vontade e afinidade de seus integrantes e caracterizam-se como um significativo recurso organizacional, tanto para as relações pessoais quanto para a estruturação social.

Rede significa a interdependência entre as pessoas, tanto de maior ou menor aproximação, maior ou menor aprofundamento relacional no trabalho, de convivência e intensidade de comunicação. Redes intragrupos e entre grupos. São níveis de redes que se entrelaçam, formando um movimento vivo, e quanto mais antiga for a rede e mais ela se espalhar, a contribuição individual diminui de significado e tem a função de formar a tradição ou a conserva cultural.

Por isso, os treinamentos, em suas mais variadas formas, são necessários. São essas vivências que fazem as redes não se tornarem antigas e rígidas. São essas práticas que facilitam a oxigenação das relações e a atualização necessária para o desenvolvimento.

Com essas pontuações, podemos afirmar que, para conhecer uma comunidade ou uma empresa, um grande ou pequeno grupo, é preciso conhecer o indivíduo, sim, não de forma isolada do seu contexto, mas pelas suas relações, como estão constituídas as redes das quais faz parte. Para visualizar essas configurações grupais em termos de relacionamentos, temos um instrumento diagnóstico muito interessante: o mapeamento dos relacionamentos – processo sociométrico que "fotografa" a situação relacional de um grupo, equipe e mesmo de uma organização inteira naquele momento – por isso, fotografia instantânea. O conjunto desses mapas forma uma cartografia organizacional. Para ela, há jogos específicos.

Uma questão faz-se necessária para entendermos empresas: nosso *locus* de trabalho. As empresas são criadas como organizações que, para funcionar, crescer e gerar benefícios, precisam de pessoas que reúnam determinadas características, competências, experiências e conhecimentos para exercerem seu papel profissional (trazidos por elas e não dados pela empresa – a empresa atribui cargo e função). Essas estruturas organizacionais são desenhadas e postas em prática visando a resultados ante à sua missão.

Na realidade, a organização é complexa pela sua própria razão de existir. Todas elas, quer sejam pequenas, médias ou grandes e multinacionais, públicas ou privadas, são fundadas para que seus resultados sejam financeiramente positivos. É que tudo acontece no cenário atual da globalização.

A CONCEPÇÃO DE PESSOA

A concepção de homem de J. L. Moreno, base de sua teoria e metodologia, fornece-nos referenciais sólidos, e *relação* é a palavra-chave: O *Ser em relação* é o princípio do método do psicodrama, denominação mais conhecida do esquema estruturado e articulado entre as teorias e os métodos de ação e do objetivo final: a saúde das relações. Trata-se do Ser em relação com outras pessoas, outros Seres, por meio dos papéis em ação. Moreno propõe métodos que promovem a saúde tanto nas organizações e empresas, quanto nas escolas, instituições, comunidades e famílias. Não podemos falar de relação pela ótica comum, que é ver sempre a relação partindo exclusivamente de mim, do eu, para o outro, e não uma ação relacional implicando um tu, numa ação biunívoca, ou seja, de mão dupla, formando, no mínimo, um par.

Nessa relação que implica dois seres, pelo menos, e que pode se ampliar até formar uma rede de relações e daí, grupos e equipes, incluem-se todas as emoções e sentimentos, conhecimentos, percepções, enfim todo o acervo que cada um dos implicados queira ou possa colocar à disposição da relação: o que chamamos investir na relação. Percebe-se aqui que não há romantismo nessa concepção e sim uma complexidade que, entendida, fornece indicadores para o profissional que trabalha com grupos.

Essa relação não se dá em bloco. Ela se dá pelo desempenho de papéis, conforme nos demonstra Moreno em sua teoria dos papéis e desenvolvimento destes. De forma simples, explica-se assim: uma pessoa não pode exercer seu papel de motorista no trânsito se, ao mesmo tempo, sentar-se à mesa para uma reunião. Segundo as condições do ser humano, os papéis são desempenhados um de cada vez. Na atualidade, esse fator intrínseco à condição humana é uma das maiores fontes de angústias e estresse no ambiente de trabalho, quando somos solicitados, e mesmo desafiados, a exercer diversos papéis quase que simultaneamente ou a mudar de papel de forma imprevista, sem aquecimento, tendo de fazê-lo de forma espontânea e criativa e, mais do que tudo, adequada, adaptada e eficiente e, é claro, produzindo resultados excelentes para a organização.

Desse princípio fundamental, pode-se olhar um grupo como uma relação funcional entre hierarquias de poder, de complementaridade ou de rejeição, de indiferença e até de hostilidade, bem como de cooperação, troca e compartilhamento. E dessas relações é que saem os produtos do trabalho.

Consideremos, então, as características dos adultos jogando com seu papel profissional ou em seu papel, convidados a jogar, geralmente em situação chamada de treinamento, para fortalecimento de equipes e mesmo para desenvolver as várias facetas da liderança, por exemplo.

Sim, é como adulto que se entra no jogo, vivenciando o papel de jogador. Nesse papel de jogador, serão postas em evidência as competências pessoais e profissionais. Quando há dificuldades nessas competências e perde-se a espontaneidade e, por conseqüência, a criatividade, o desempenho do jogador é menor do que o esperado e/ou necessário, podendo gerar conflitos, desavenças e outras reações. Tudo faz parte da situação de jogo: da maior harmonia com expressões de entusiasmo, apoio, força e união até a explosão de inconformismos, rejeições e afastamentos, que são como na realidade de todo dia.

É muito importante esta delicada operação: um profissional no ambiente de jogo, assumindo e agindo como personagem, no contexto do jogo, no "aqui e agora" passa a ser real.

Para obter essa transmutação, é necessária uma preparação denominada aquecimento. Esse aquecimento permite à pessoa despir-se da rigidez e tensão provocadas pelo novo temeroso, para poder enfim soltar o que chamamos de espontaneidade. Espontaneidade entendida como a mais natural e adequada expressão corporal, emocional e racional. Em decorrência da espontaneidade, temos a criatividade, que movimenta o ser e sua ação e produz estratégias novas e geniais.

Temos então a base: os jogadores adultos e suas competências pessoais, seus conhecimentos, características e habilidades; temos o pensar, o sentir e o agir prontos para "disparar". E o ambiente/espaço de jogo, que pode ser tanto uma sala quanto um espaço ao ar livre com cenários próprios.

Do mesmo modo, não basta apenas eu trazer essa nova aprendizagem se não puder oferecer um espaço adequado.

A TEORIA DE PAPÉIS DE J. L. MORENO

Outro referencial teórico importante é o do desenvolvimento de papel dado pela teoria de papéis de J. L. Moreno. Ao acompanharmos as fases de grupo, veremos que as etapas de desenvolvimento de um papel social (profissional) terão suas conseqüências na dinâmica dos grupos.

Ao nascer um papel, produto da relação, a ação desse desempenho se pauta por referências de repetição. A pessoa se vale do conhecimento e das experiências dos outros para exercer esse papel. Assim, o papel é "tomado", ou seja, é um *role-taking*. Quando esse papel começa a ficar mais independente, sendo jogado com maior naturalidade e sendo então experimentado e ensaiado, ocorre a fase do *role-playing*; passada essa fase, esse papel passa a ter a característica de *role-creating*, ou seja, a espontaneidade e a criatividade são os eixos da ação.

Liberdade, autonomia e originalidade caracterizam o pleno desenvolvimento. Esta última fase corresponde a uma liderança criativa, na qual o líder sabe relacionar-se de forma flexível com o outro.

Quando procedemos à leitura de um grupo, podemos localizar as etapas de grupo e dos papéis de cada um, proporcionando uma proposta adequada.

PAPEL PROFISSIONAL E PAPEL FUNCIONAL

A palavra papel, por ser abrangente, coloca na mesma definição o papel profissional e o papel funcional. Na definição moreniana de papel, em cada papel que se vai desenvolvendo, há uma área privada – vinculada diretamente ao eu – e uma área externa – vinculada ao social, realidade externa do papel. Profissão é um acervo de conhecimentos específicos e técnicos de um determinado conhecer e saber fazer, acrescido das vivências e situações vividas durante o percurso não só de formação desse profissional como de tudo que antecedeu à sua entrada na profissão.

Costumo ouvir o seguinte: "Vamos trabalhar o papel profissional de gerente", "o papel profissional de supervisor" ou ainda "o papel profissional de analista de treinamento", de RH, de instrutor, de selecionador etc. Considerando os aspectos privados e públicos dos papéis (Moreno, 1975) e o que a sociedade e a cultura impõem aos nossos papéis, acabei por estabelecer uma distinção entre o papel profissional e o papel funcional das pessoas. Mapeei esses dois âmbitos do trabalho visando, de um lado, o desenvolvimento pessoal – no caso, o papel profissional – e, de outro, o enfoque preciso e a expectativa e as exigências da organização. Assim, considero o papel profissional um dos tantos papéis do conjunto de papéis que a pessoa desenvolve durante a vida. Pertence à pessoa, e não à organização. Esse papel é exercido na ação de trabalhar, independentemente do cargo assumido. O trabalho de um autônomo, de um profissional terceirizado que trabalhe fora de empresa ou que exerça uma atividade independente será igualmente regido pelo seu papel profissional em ação.

Já o papel funcional indica a diferença entre, por exemplo, o papel gerencial e o papel profissional. O papel gerencial é um papel funcional e refere-se à descrição de um cargo como exigência da organização. O conjunto de competências pessoais relacionadas com o trabalho e que possibilitam à pessoa assumir um cargo numa empresa, no entanto, faz parte do papel profissional. Quando um gerente sai de uma empresa, ele deixa um cargo, mas nunca o seu papel profissional. Ele o leva consigo para qualquer lugar ou organização. Quando um candidato em processo de seleção é contratado, é o acervo do seu papel profissional mobilizado para a ação que lhe dá as condições de assumir e exercer (ou não) um cargo.

A IMPORTÂNCIA DO MOVIMENTO PARA A APRENDIZAGEM E A RENOVAÇÃO DE CONHECIMENTOS

Os antigos paradigmas afirmavam que, para aprender, deveria haver silêncio, sendo também necessária a quietude para haver concentração e se prestar atenção ao que estava acontecendo fora de si mesmo. Sabemos hoje que o movimento, a vitalidade e a comunicação são fatores imprescindíveis ao aumento da motivação.

O nosso corpo funciona como uma orquestra em que cada instrumento pode se unir a outros sem perder sua identidade. As partes se coadunam, interligam-se para uma produção coletiva e harmoniosa. Assim também o ato de "andar" é efetuado com base em classes de movimentos com identidade própria.

Muitas combinações podem ser utilizadas na expressão corporal, levando em conta o pressuposto de que cada nova combinação gestual corresponde a uma nova configuração no sentir, pensar e fazer. Isso tem sido amplamente utilizado em treinamento de atores e grupos de desenvolvimento pessoal por meio da dança e da expressão.

Com novas formas de nos movimentarmos, estamos automaticamente acionando novas conexões, estabelecendo assim um sentir, um pensar e um agir diferentes dos ocorridos até então. Se essa situação for bem trabalhada, o desequilíbrio momentâneo que poderia se seguir a tal mudança é substituído pela sensação de se sentir à vontade no próprio corpo.

...

:5:
A EDUCAÇÃO EMPRESARIAL COM OS DIFERENTES TIPOS DE JOGOS

OS PRÉ-REQUISITOS PARA A UTILIZAÇÃO DOS JOGOS

Primeiramente: o público, os jogadores são adultos. Adultos que jogam com o objetivo de vivenciar e de aprender algo de novo sobre si mesmos, sobre processos, e também de ampliar sua percepção do ambiente e dos outros. Trata-se de vivenciar os diversos papéis, as diferentes relações e reações dos demais jogadores. Trata-se de *conhecimento*. Trata-se de viver "uma realidade dentro da realidade", mobilizar todas as energias criativas e pensamentos estratégicos, com espontaneidade, bom humor, motivação, enfrentar o desafio do sempre novo, pois qualquer jogo se repete – haja vista o esporte, o xadrez e – por que não? – as próprias relações humanas, que podem apresentar algumas jogadas meio parecidas com outras já realizadas, mas que nunca serão repetidas.

No ambiente de empresa não há crianças. A falta dessa consideração estraga a metodologia dos jogos, pois se escolhem "joguinhos" bobos, nos quais as pessoas se sentem ridículas. Devem-se levar em conta "jogos" para efeito de aprendizagem e de envolvimento coletivo mais fortemente do que quanto ao indivíduo isolado. Se a aprendizagem é pessoal por um lado, por outro, ela é grupal graças à troca, discussão e cooperação.

O ESPAÇO E O AMBIENTE PARA JOGOS

O espaço e o ambiente físico para jogos são escolhidos com base nos seguintes princípios:

- tamanho, por causa de maior ou menor movimento do grupo em função do jogo;
- piso, iluminação, cor e temperatura. Internamente, é fundamental haver janelas que se abram, ventilação natural (mesmo com ar condicionado) e cadeiras confortáveis e leves para serem deslocadas. Externamente, não deve haver declives ou obstáculos no piso. Deve haver lugares sombreados para evitar o calor e promover o conforto dos participantes. (Em caso de chuva, é bom haver uma alternativa, como um galpão coberto ou mesmo uma sala.)

O PLANEJAMENTO

Um planejamento lúcido por parte do profissional que trabalha com jogos é de suma importância, pois oferece segurança na condução e maximiza os resultados

Mas para isso é preciso levar em conta dois fatores: o perfil do facilitador/instrutor/coordenador do grupo e a importância do fechamento/processamento.

Qual o perfil de um profissional que aplica jogos para aprendizagem em empresas? Primeiramente, ele deve ter consciência de que não se trata de uma mera brincadeirinha. Brinca-se, sim. Mas é o caráter lúdico que mais dá o tom. E que jogo é coisa séria como estrutura. Dentre as características do facilitador estão:

- boa comunicação;

- facilidade em se relacionar com todos do grupo e boa aproximação: estar junto, implicar-se;
- não ter nenhum tipo de preconceito;
- eqüidade;
- saber adequar velocidade e ritmo para não perder o pique do jogo;
- conhecimento: técnico e teórico-metodológico;
- gostar do jogo e acreditar nele;
- saber estimular, coordenar e propor;
- saber dar *feedbacks* positivos e construtivos;
- saber processar.

Por sua vez, o fechamento ou processamento é o que dá credibilidade ao jogo como fator-método de aprendizagem e transformação.

Processar é arrebanhar todos os fenômenos expressos durante o jogo, apresentá-los de forma didática, portanto, organizada, para servir de trampolim de elaboração aos participantes.

É o que se tira de proveitoso, de novo e de conhecimentos do jogo, exclusivamente daquele, e não é uma coisa pronta.

Conceitos teóricos sobre grupos, desenvolvimento pessoal e profissional, conceitos sistêmicos de relacionamento interpessoal e outros que conduzem esta prática, geralmente servem para vários jogos, mas o diferencial está nos acontecimentos vividos pelo grupo e pelos participantes individualmente, e o que se tira como proveito, elaboração, reflexão e aprendizagem. Tanto é assim que os jogos podem ser jogados mil vezes, repetidos em suas regras e objetivos, que nunca serão iguais, haja vista os jogos de sociedade ou de grupos como boliche, bocha, golfe, os de tabuleiro, xadrez e outros. O que os diferencia é o domínio de conhecimentos organizacionais que compõem o conteúdo da aprendizagem.

QUE JOGOS UTILIZAR?

Quais são os jogos que melhor atendem a cada fase de grupo? Ou ao momento do papel profissional, visando ao aperfeiçoamento? Qual o objetivo? O que fazer? Um grupo ou uma equipe precisa da consciência de si mesmo para poder emitir qual a sua necessidade? Esta é uma questão que deve estar bem clara para os profissionais de treinamento – tratar do grupo ou somente se voltar para os objetivos da empresa. Qual a harmonização ou o choque possível entre as competências individuais e as competências organizacionais? É uma questão ética e ecológica. Ecologia entendida como qualquer ação ou atividade proposta com um objetivo, que terá um impacto no sistema quanto à sua existência e preservação.

Com esse objetivo definido, o planejamento poderá dirigir-se para alguns métodos, para resolver um conflito, um impasse ou uma paralisia do grupo. Da mesma forma, oferecer também uma vivência que reengaje a aglutinação e as relações saudáveis do grupo. São os jogos grupais de tipo cooperativo, com características de integrar, aproximar. No entanto, muitas vezes é preciso escolher um jogo que possibilite a resolução de conflitos, por exemplo, o de comunicação. Nesse caso, o método do sociodrama poderá ser um bom disparador. Outras vezes, jogos dramáticos, como simulações ou representações, ou jogos com personagens serão os mais adequados. Já o *role-playing*, em bases psicodramáticas, só poderá ser proposto quando os participantes puderem inverter papéis, isto é, colocar-se no lugar do outro. É o momento de aprendizagem sobre o próprio grupo. É uma aprendizagem sobre si mesmo para avançar e desenvolver-se. Não será o momento de introduzir nenhum jogo. Um princípio é garantir certas condições de relacionamento saudável para propor atividades que requeiram objetivos comuns, cooperação, trabalho em grupo, criatividade grupal, co-construção de conhecimentos e solidificação de relacionamentos.

Para ter consciência desses fenômenos humano-grupais, podem-se propor vários jogos situacionais em que os participantes, ao perceberem a si próprios e aos outros, suas relações e tipos de jogos relacionais, podem, por decisão própria, alterar o caminho e a forma de convivência.

O princípio da consciência e da visualização de rede está diretamente ligado ao pensamento sistêmico e à visão sistêmica. Tal ampliação da percepção e da consciência, que indica um movimento para a frente, para o lado, para trás, de recuos estratégicos, sentindo e percebendo do que se trata na realidade, traz para um grupo a possibilidade de autonomia na gestão de suas ações. Definitivamente, os jogos não podem ser usados de maneira inconsciente. Eles provocam a consciência da realidade. Por isso, precisam ser muito bem colocados e seqüenciados no tempo e no espaço dos treinamentos.

Podem constituir a totalidade de um programa de treinamento e desenvolvimento, bem como ser somente um módulo. Podem acontecer em salas ou ao ar livre.

• • •

6
CLASSIFICAÇÃO DOS JOGOS

JOGOS DE EMPRESA

Um jogo de empresa, jogo de estratégias de negócio ou jogo de negócios, é uma forma de aprendizagem pouco habitual porque cria uma realidade dentro de outra realidade – com suas próprias leis. Isso porque, no jogo de negócios, os conhecimentos, dados e informações do negócio ou da empresa estão ao alcance de todos. Esta apropriação do conhecer gera o envolvimento, o comprometimento e a motivação para encontrar soluções ou criar estratégias de sucesso.

Num jogo de negócios, a realidade do seu enredo vai sendo co-construída e co-criada pelos autores-participantes e pelos autores-consultores ao longo do tempo do jogo. Os dois conceitos, co-criação e co-construção, compõem a aprendizagem compartilhada e a Teoria Sistêmica dos Grupos, referenciais teóricos e metodológicos.

Partindo do princípio de que essa realidade não se constrói somente com os conhecimentos técnicos, mas inclui necessariamente as questões humano-comportamentais, os jogadores e os grupos dos quais fazem parte não ficam à mercê de si mesmos, pois são preparados e acompanhados por facilitadores especializados, ganhando com isso outros conhecimentos e experiências que vão mais além dos saberes técnicos.

Há uma relação direta entre a história que vai sendo construída pelos participantes e as ações da equipe de consultores.

Essas ações concatenadas se dividem, por uma questão didática e prática, em dois focos:

1 foco técnico: todo o conteúdo, *inputs*, dados, informações etc., para a realização do jogo/negócio;
2 foco humanista: indicadores, intervenções, mudanças, suporte etc., para as pessoas. Gestão de pessoas *in loco* e *in situ.*

Os jogadores assumem papéis funcionais reais, nem sempre os mesmos exercidos pelos participantes na sua empresa. Portanto, são também atores das histórias co-criadas e co-construídas pela dinâmica do jogo. Assim, todos são autores e atores dos seus negócios. Tal desempenho e envolvimento são os fatores de alta *performance* da aprendizagem, do novo, e o forte diferencial deste tipo de jogo.

ESTRUTURA DA ABORDAGEM COMPORTAMENTAL NOS JOGOS DE NEGÓCIO/DE EMPRESA

Fase inicial
Nosso ponto de partida é o conhecimento do cliente/empresa e dos participantes para adequar o jogo à realidade do grupo e/ou da empresa. São escolhidos procedimentos diagnósticos e de conhecimento específicos para cada tipo de negócio, cargo e formação profissional.

Em seguida, envolvem-se as lideranças e diretoria da empresa cliente para presenciar o jogo e participar dele. O objetivo é facilitar a implantação das decisões e estratégias desenvolvidas no jogo.

Esse tipo de jogo poderá ser feito com participantes que não são da mesma empresa. Nesse caso, a simulação será a tônica. Os dados e os números farão parte de um *script* preparado, como um caso.

Preparação dos participantes

O jogo é iniciado por meio de uma preparação dos participantes para constituírem subgrupos para interagirem e assumirem seus papéis, podendo, assim, criar e co-criar toda a história com suas estratégias, resoluções, caminhos e metas. Uma história real com início, meio e fim.

A fase de preparação das pessoas, ou aquecimento, é composta das seguintes etapas:

1 cenário geral: familiarizar-se com os recursos e o ambiente onde o jogo irá se desenvolver;
2 aproximação: conhecimento entre os participantes e também entre os consultores. Pares e trios vão se formando para, aos poucos, esse número se ampliar;
3 formação da rede sistêmica: é o momento das percepções, identificações e complementaridades. As relações se viabilizam. É o momento da formação de um grupo cujos elementos estão interligados pela motivação e conhecimentos;
4 formação dos subgrupos empresas: criação dos indicadores/critérios para a escolha dos times; os subgrupos são formados com base em critérios indicados pelos participantes em função do objetivo do jogo;
5 construção dos papéis: levam-se em conta a escolha de cada papel/função organizacional, vários exercícios poderão ser utilizados para que o papel seja desempenhado com maior espontaneidade e realismo;
6 o grupo/empresa escolhe sua localização "no mercado" (na sala).

Depois que as pessoas estiverem confortáveis, tensões diminuídas, quando houver maior familiaridade com o ambiente, com os facilitadores, consultores e demais participantes, é que o jogo será apresentado de maneira formal aos participantes.

Orientações e regras

Antes do início do jogo propriamente dito, os participantes recebem dos facilitadores técnicos todas as instruções necessárias para jogar, incluindo o funcionamento dos micros, as regras, o que pode e o que não pode ser feito, o tratamento de dados e informações, a estrutura do jogo com suas etapas, relatos, papéis e princípios, e demais elementos.

Já nesta fase, os facilitadores do foco humanista/comportamental estarão observando a dinâmica inicial e usarão *feedbacks* para os demais membros da equipe e vice-versa. Vários recursos materiais servirão de indicadores para os grupos.

INICIANDO O JOGO

A atuação do consultor/facilitador comportamental: acompanhamento e suporte

Cabe ao facilitador do foco humanista/comportamental a responsabilidade de observar e acompanhar as dinâmicas grupais e pessoais para dar suporte tanto ao grupo como a um participante em particular. A finalidade é que os participantes aprendam sobre pessoas: percebendo a si e aos outros, lidando com pessoas na sua empresa em diversas situações e durante o tempo do jogo. Esse aprendizado inclui todos os conhecimentos necessários à realização do jogo como na vida real.

São privilegiados para ensinar as situações de impasse, os obstáculos ou as reações dos membros do grupo que eles não conseguem resolver. Alguns exemplos de influenciadores na dinâmica de equipe são, por exemplo: autoritarismo, falta de liderança, fazer de conta, resistências, exclusões, centralizações, poder, desmotivação, impaciência, desistência, desconfiança, não ouvir, não falar, não colaborar.

A intervenção é feita de maneira pedagógica, trabalhando os fatores em vista de um aumento de percepção e de conhecimento por parte dos jogadores. Nem sempre a intervenção será verbal ou pela interrupção do jogo. Diversos elementos sinalizadores e apoiadores foram criados para este fim. Cabe também aos facilitadores informar os outros da sua equipe a respeito de necessidades ou dificuldades técnicas de algum grupo como também assinalar quando tudo estiver correndo bem.

JOGOS AO AR LIVRE

Esses jogos possibilitam a ampliação do horizonte, a extensão do limite, dados pelas paredes ou pela tela do computador, com a descoberta do uso diferenciado do espaço físico. Nesta categoria, encontramos atualmente todos os jogos ou atividades ligados à natureza e jogos diferenciados de equipe e cooperativos, assim como os jogos ou atividades chamados radicais, como, em equipe, descer corredeiras em um barco. Na realidade, a cooperação e o espírito de equipe de contribuir para o grupo, quando em jogos de equipe, são fundamentais para a obtenção da meta: alcançar o alvo ou os objetivos propostos em conjunto. As experiências ao ar livre terão de ser graduadas em termos das condições do grupo, dos objetivos do treinamento. Incluir jogos fora de sala, em ambientes externos, como parques de hotéis, sem um porquê bem claro e sem a escolha de um momento certo, causa uma perda do aproveitamento integrativo do lúdico e do jogar junto.

JOGOS DE MOVIMENTO E DE AÇÃO

Os antigos paradigmas educacionais afirmavam que, para aprender, deveria haver silêncio, sendo também necessário estar quieto, ficar parado, para se concentrar e prestar atenção. Sabemos hoje que o movimento, a vitalidade e a comunicação são fatores imprescindíveis ao aumento da motivação, porque estimulam o estar intrigado, o questionar e a curiosidade. O nosso corpo funciona como uma orquestra. As partes pulsam, coadunam-se, interligam-se para uma produção coletiva e harmoniosa. Assim, também, o ato de andar, mexer-se, deslocar-se é efetuado com base em classes de movimentos que têm que ver com a identidade.

Muitas combinações podem ser utilizadas por um corpo que se expressa, levando em conta o pressuposto de que cada nova combinação gestual corresponde a uma nova configuração no sentir, pensar e fazer e comunica estes mesmos três fatores.

Com base em novas formas de nos movimentarmos, estamos automaticamente acionando novas conexões, estabelecendo novos ângulos de percepção e nova captação de informações, nutrindo um sentir, um pensar e um agir diferentes dos ocorridos até então. Se esta situação for bem trabalhada, o desequilíbrio inicial que poderia se seguir a tal mudança é substituído pela sensação de se sentir à vontade com o próprio corpo e, daí, é só um passo para o conforto no ambiente e no grupo. Por isso, o movimentar-se, o expressar-se livremente, requisitando diversas partes e musculaturas do corpo em direção a um encaminhamento, um objetivo ou alvo, são fundamentais para a promoção de mudanças significativas comportamentais e de atitudes para as pessoas.

Nesta categoria, quase todos os jogos que mobilizam e que intrigam pedem movimento físico. Alguns são de movimento interno, subjetivo, mas quando uma equipe está jogando, todos os corpos se mexem e se expressam.

ROLE-PLAYING, O GRANDE JOGO DE PAPÉIS

J. L. Moreno, criador do psicodrama, cunhou a expressão *role-playing*, usada em dois sentidos. É no sentido mais amplo que a utilizamos em seleção e treinamento. Começando pelo sentido estrito, é utilizada para diferenciar as três etapas da estruturação de um papel, base da leitura das fases dos papéis num grupo ou entendimento da fase de um papel:

> [...] pode ser útil distinguir entre *role-taking* (recebimento ou tomada de um papel) – com o que nos referimos à adoção de um papel acabado, plenamente estabelecido, que não permite ao indivíduo qualquer variação, qualquer grau de liberdade – *role-playing* (interpretação de papel) – o que permite ao indivíduo um certo grau de liberdade – e *role-creating* (criação de papéis) – o que permite ao indivíduo um alto grau de liberdade, como *"spontaneity player"* (Moreno, 1987, p. 413-414).

É importante salientar que a estrutura moreniana de trabalho das relações e de grupos sempre leva em conta a ação e um espaço delimitado para o jogo e a vivência. Assim, para cada fase do papel, há atividades adequadas, como também para cada fase de grupo. Na coordenação de um grupo, distinguir, por meio da pesquisa e leitura de grupo, em que momento o grupo está, dará a certeza de ser o momento certo para a utilização do método do *role-playing* como jogo de papéis.

Em seu sentido lato, a expressão *role-playing* é utilizada para referir-se ao "jogo de papéis": "O jogo ou treinamento de papéis permite explorar as possibilidades de um indivíduo de representar os papéis determinados", é a personificação de outras formas de existência por meio do jogo (Moreno, 1987, p. 122). "O conceito de jogo de papéis é simples. Sua finalidade é proporcionar ao ator uma visão dos pontos de vista de outras pessoas, ao atuar no papel de outros, seja em cena, seja na vida real" (Moreno, 1987, p. 181).

É nesse segundo sentido, como "jogo de papéis", que o termo mais se difundiu e é utilizado nos treinamentos. Trata-se de criar situações para "explorar, experimentar, desenvolver, treinar ou modificar certo papel" (Moreno, 1994, v. 3, p. 217), com conteúdos seus e que fazem parte de questionamentos a respeito das competências no desempenho do seu papel. É bastante útil porque permite colocar o indivíduo diante de reações muito semelhantes àquelas reais e envolve os presentes, já que há sempre uma questão: o que fazer diante de tal fato ou situação? Como resolver? Qual o melhor desempenho para se obter resultados? Os porquês não serão trabalhados, mesmo que levantados para entendimento, para compreender as relações entre fatores que provocaram aquele fato, situação, problema ou impasse.

O objetivo do *role-playing* em treinamentos é proporcionar mudanças quanto à ampliação, oferecendo maiores recursos para essa percepção do fato, dos papéis envolvidos, das relações entre eles, do seu próprio papel, visando ao desenvolvimento pessoal e profissional. Interessa a ampliação do leque de alternativas de resolução co-construido pelo coletivo–grupo presente. O balanço final de cada dramatização e de todo o processo organiza a aprendizagem e permite a elaboração de cada um dos *role-players* e dos demais participantes. Sempre se leva em conta o contexto e o espaço onde esses papéis profissionais atuam, a cultura da empresa e a adequação e estratégias de possíveis decisões. É o momento de transportar para a realidade negociações e planos de ação a serem praticados, bem como novas normas grupais. Cada participante deve também assumir seu papel renovado. A condução tem um sentido: o do aqui e agora para o futuro, o da imaginação, que todo jogo pode proporcionar, a antecipação de um ou vários possíveis futuros, com base em cenas experimentadas, que respondem à pergunta do "e se?": "E se for? E se acontecer? E se...?"

> ## ⁞ ROLE-PLAYING ⁞
>
> - Forma especial de jogo grupal.
> - Personifica outras formas de existência por meio do jogo.
> - Desenvolve um modo de funcionar num papel.
> - Cria um novo modo de funcionar num papel.
> - Pesquisa e experimenta a expansão de um papel.
> - Melhora as relações entre membros de um grupo, gerando saúde grupal e organizacional.
> - Jogadores: *role-players*.

O método do *role-playing* não se resume a colocar num espaço delimitado, numa sala, alguns participantes representando uma situação, momento ou conflito. Por ser um método, ele exige a realização das etapas do seu processo. Por isso, diferencia-se de outras formas de dramatizações e de jogos em que a representação acontece.

Mesmo que todos tenham fundamento no teatro, Moreno criou técnicas que diferenciam o *role-playing* dessas outras formas a começar pelo espaço cênico, que é conceituado como palco da vida, pois nele as palavras se tornam papéis em relação às histórias vindas da realidade. Ali, trabalhando com o papel, neste caso o papel profissional, e sua alta complexidade, as cenas do cotidiano de trabalho são revivificadas, certamente trazidas pelos sentimentos e percepções dos participantes. Estes, por sua vez, não são meros atores por um momento. São autores-atores que, além de trazer o seu original, vivenciam-no, compartilhando seu conteúdo.

As dramatizações do psicodrama são realizadas de forma metodológica, para que se realize o jogo dos papéis de fato. Esse método tem etapas a serem seguidas, para que a dramatização não seja uma simulação ou uma simples brincadeira de representar. A dramatização é um momento de vivência genuína e proveitosa para os participantes atores, que comporta técnicas utilizadas pelo coordenador de grupo. Os papéis são trabalhados em cena, partindo do conceito de protagonista e seus papéis complementares. Toda cena terá um papel e no mínimo um complementar, quando não mais de um, por trazer à cena uma equipe ou grupo. As técnicas mais difundidas em treinamento são: a inversão de papéis, o solilóquio e a entrevista em cena, que são utilizadas pelo coordenador com o propósito de valorizar a ação dramática. Outra técnica, o duplo grupal, exige treinamento especial e é utilizada por psicodramatistas que receberam treinamento. De qualquer forma, o coordenador precisa ser bem preparado, pois essas técnicas precisam ser aplicadas no momento certo e da forma eticamente correta, para não interromper o drama nem invadir a privacidade de algum autor/ator da cena.

A inversão de papéis é proposta em determinado momento da dramatização, quando o coordenador objetiva que esta experiência de troca – um personagem assume o papel do outro e vice-versa – traga maior esclarecimento, ou que o "se pôr no lugar do outro" seja um aprendizado para a relação e para a percepção do grupo, e mesmo verificar se tal troca é possível, pois revela um estágio mais desenvolvido de um papel.

O solilóquio – ou falar consigo próprio, "com seus botões", em voz alta, a respeito do que está acontecendo – é utilizado pelo coordenador ao solicitar que o personagem naquele papel compartilhe sentimentos e pensamentos sobre a situação que está vivenciando ou sobre seu próprio papel e circunstâncias. Sendo uma reflexão em voz alta, todos aproveitam.

Esse conjunto articulado do método, com suas técnicas, valoriza o grupo e o que ele traz, diferentemente de outros jogos em que o conteúdo é dado *a priori*. O *role-playing*, o jogo de papéis, visa ao desenvolvimento de uma forma mais global, quebrando a formalidade do desempenho e possibilitando uma ação menos enrijecida do papel profissional. Por isso, o *role-playing* tornou-se um dos métodos centrais do psicodrama organizacional. Vejamos a seguir como o ponho em prática.

PRINCÍPIOS

- Enfocar somente o papel profissional e dos participantes presentes; trabalha-se este grupo e não quem não está presente, não se aceitam temas pessoais e íntimos – ética e respeito. Contrato.
- Trabalhar com temas – *role-playing* tematizado.
- Os temas são propostos e votados pelos participantes, não pelo coordenador.
- Trabalhar em subgrupos que dramatizarão em conjunto (não somente duas pessoas).
- Não enfocar uma pessoa ou sua problemática pessoal. O foco está no tema, nos papéis, no coletivo, e na maneira como cada subgrupo reage ao tema que ele escolheu.
- O tema poderá ser um só, trabalhado por todos os subgrupos ou diversos (no máximo, três ou quatro por *workshop*), por causa do tempo disponível.
- A dramatização é de uma cena e não de uma história. A cena é aquele momento crucial em que o conflito se evidencia, por exemplo, numa apresentação de projeto em público, na empresa ou para outra pessoa.
- A dramatização não é de soluções pós-discussão nos subgrupos, e, sim, é a questão/problema que reuniu essas pessoas nos subgrupos. Dramatiza-se o conflito, o problema, o impasse para os demais subgrupos, como platéia, para pensarem em como resolvê-lo.

- A proposta de estudo e a pesquisa de soluções para a cena trazida por um dos subgrupos são feitas pelos demais subgrupos, que inverterão os papéis a cada proposta de dramatização para testar sua validade ou modificar fatores. Cada cena de 3 minutos se amplia muitas vezes (45 minutos de aprofundamento e pesquisa dramática pela co-participação da platéia).
- Todos os subgrupos passarão pelo mesmo processo. Ora são autores/atores ora são platéia/atores, quando se propõem, pela inversão, a assumir um dos papéis. A platéia faz o papel complementar de ator e vice-versa.
- Os próprios autores/atores podem evidentemente, a partir de certo momento, fazer suas propostas e experimentá-las. É o momento da co-construção coletiva e da aprendizagem compartilhada.
- O coordenador poderá também contribuir, ao perceber a necessidade da nutrição conceitual ou de um conhecimento que falte para que o grupo avance. Em geral, pelas técnicas, essas necessidades, caso existam, vão aparecendo. Muitas vezes, o conhecimento está escondido no grupo, não por má vontade de seus componentes, mas por não terem eles consciência de que é um conhecimento importante, que precisa de um momento para ser desvelado. Outras vezes é a soma, a co-construção, que compõem esse saber.
- A dramatização termina quando as soluções viáveis que foram criadas se esgotam. Elas são anotadas em *flip chart* ou *data show* (depende do recurso e da habilidade do coordenador), pois serão material para o fechamento como plano de ação, decisões e mudanças estratégicas tanto no nível dos papéis de cada um (repercussão, eco em si próprio) como do grupo, inclusive se for uma equipe.
- A dramatização do subgrupo seguinte se inicia e prossegue conforme o método do jogo.

ESTRUTURA DO *ROLE-PLAYING*, O JOGO DE PAPÉIS

Etapa 1: Aquecimento

Se o objetivo for trabalhar obstáculos, conflitos e impasses do papel profissional na busca de resoluções, o aquecimento poderá se voltar diretamente ao foco, iniciando-se com uma pequena palestra sobre os objetivos, contrato, como vamos trabalhar, e quais os benefícios desta atividade. A primeira pergunta que costumo fazer é se o grupo está de acordo, se aceita fazer o jogo de papéis. Não enfatizo muito a dramatização, pois geralmente as pessoas entram em campo tensas. Falo depois.

O levantamento de temas se dá com base nas situações contadas pelo grupo, em que são feitas perguntas como: o que tem chamado sua atenção? O que o tem incomodado ou o que precisa ser resolvido, e você não consegue? Às vezes, divido as pessoas em pequenos grupos de quatro para esse levantamento; outras, ouço o que cada um quer trazer. Em grupos que mal se conhecem, peço para dizer o nome, mais uma referência, e o que sugere como questão a ser trabalhada. Essa comunicação, ouvida por todos, acaba fazendo as pessoas se darem conta de questões coletivas e não tão particulares assim.

Depois de listadas todas as situações, elas são agrupadas por temas: tudo que se refere à comunicação, por exemplo, chefia, relacionamento etc. Diante do quadro, votam-se as três mais significativas ou, havendo uma só, teremos o tema *protagônico* do dia. Percebe-se em alguns grupos que, no tema mais votado, há elementos e subtemas subjacentes, mas que não podem ser expostos naquele momento. A pergunta recorrente é: é isto mesmo? Não há algum detalhe? Enfim, abre-se o espaço para a expressão mais espontânea e verdadeira.

Etapa 2: Subgrupos aquecendo-se para a dramatização

É o momento dos arranjos em subgrupos. Utilizo o fundamento da escolha. Aponto na sala dois ou três pontos e, para cada um, atribuo um dos temas. Em seguida, chamo os participantes para escolherem qual querem trabalhar e também o número de participantes para cada ponto/tema. Solicito que se dirijam para aquele ponto de sua escolha. Os grupos formados recebem a seguinte orientação:

- Diga em poucas palavras para seus companheiros que escolheram o mesmo tema, por que o escolheu e qual a situação acontecida com você.
- Após esse "contar", peça que escolham uma cena que tenha "tudo que ver".
- Cada subgrupo dramatizará essa cena, e o jogo continua.

Etapa 3: Dramatização

Com base em cenas do dia-a-dia da empresa que estão incomodando, provocando impasses ou gerando dúvidas e conflitos é que a dramatização (em grego, drama significa "ação") é realizada, na busca de alternativas de ação renovada e produto da criatividade, pois ali se cria, experimenta-se e abrem-se diversas possibilidades de desempenho do papel que está sendo trabalhado, facilitadas por técnicas especiais utilizadas durante a dramatização.

Trata-se de situações para o desenvolvimento de determinado papel ou um espaço no qual os participantes encenam conteúdos seus e que fazem parte de questionamentos a respeito de competências no desempenho do seu papel profissional ou de acontecimentos que perturbam a livre expressão dessas competências. Permite colocar o indivíduo diante de reações muito semelhantes àquelas reais e envolve os presentes, já que há sempre uma questão: O que fazer? Como resolver? Por que aconteceu não é a preocupação central em treinamentos e, sim, como solucionar, não repetir o passado ou o chamado erro. O objetivo é ampliar a criatividade, o raciocínio e a visualização das várias alternativas de resolução. Enfoca-se sempre o contexto, a cultura da empresa e as conseqüências e adequação de possíveis decisões.

No palco: combina-se antes, com todos, qual será o espaço do palco. Cada subgrupo, por sua vez, dirige-se ao palco.

Aquecimento específico: o coordenador inicia o que se denomina, em psicodrama, aquecimento específico. Os atores estão em cena, e pela técnica da entrevista, por exemplo, aquecemos cada ator no seu papel. Localizamos tempo, espaço, perguntamos quem é quem, inclusive para a platéia se aquecer e entender o contexto trazido. Não se permite que contem a história antes, o que é uma tendência, pois já querem contar, achando que precisam explicar. A platéia é inteligente e entende. O fator surpresa prende a atenção e envolve.

A dramatização se desenrola, e o coordenador poderá usar as técnicas da inversão de papéis e do solilóquio e, certamente, a da entrevista.

Ao final, questiona-se a platéia: "O que vocês fariam?", "Alguém tem uma proposta?" A cada fala, convida-se o proponente a realizar, a concretizar a sua proposta, assumindo um dos papéis, aquele que, segundo ele, precisa de alterações, de mudança etc. Vão se co-construindo as diversas alternativas de solução. Cada proposta é encenada com os próprios atores da cena original, incorporando pela inversão o novo personagem/papel que seguramente modificará o andamento da cena primeira. Os autores/atores são convidados a permanecer nos seus papéis e a interagir com o novo papel, ou papel modificado. E mais uma cena acontece, durante a qual são descober-

JOGOS PARA EDUCAÇÃO EMPRESARIAL : **63**

tos novos elementos, à medida que vai se tratando a questão por diversos ângulos de percepção. Na maioria das vezes, a platéia já está em pé, atenta ao que vai acontecer dali para a frente. Quantas forem as sugestões tantas serão as cenas dentro do tempo possível. Os próprios atores também ganham nessas novas vivências, agregando outras alternativas e possibilidades de sair do impasse.

Etapa 4: Processamento
Após cada dramatização, ou conjunto delas, para cada tema, os participantes são convidados a discutir, trocar, compartilhar e concluir o que seria melhor implantar, fazer, realizar etc. A esse fórum, acrescentam-se conhecimentos e conclui-se a dramatização com o grupo todo fazendo planos de ação, decisões estratégicas e normas.

AS DIFERENÇAS ENTRE
ROLE-PLAYING E *ROLE-TRAINING*
Com a transformação do *role-playing* em *role-training*, para modelar e adaptar papéis a funções e cargos, passou-se a realizar exatamente o oposto do que Moreno pretendia. A proposta moreniana é o desenvolvimento da espontaneidade, recriação dos papéis, autenticidade e autonomia, enquanto o *role-training* desenvolve e reforça papéis predeterminados mais para funcionalidade, expectativa e cargos. A identidade profissional de cada um é conferida "de fora" pela função que exerce, pelo *status* que ocupa, e não como o *role-playing* moreniano valida: a autoria pessoal do papel possibilitando maior desempenho criativo e original. No entanto, o *role-training* também é utilizado, já não mais como jogo, e sim como aprendizagem de habilidades e capacitação. Associado ao *role-playing*, acaba por completar a formação de papéis organizacionais

com as competências pessoais, comportamentais e técnicas necessárias ao papel profissional, se considerado como papel organizacional.

A proposta do psicodrama organizacional é que as pessoas possam romper com padrões engessadores (conserva cultural), utilizando seus próprios recursos, após tê-los conhecido e reconhecido, somados àqueles aprendidos para a transformação de situações e tipos de papéis preestabelecidos, sendo espontâneas e criativas para dinamizar a eficácia em novas formas de ações relacionais e produtivas.

É uma metodologia eficaz por ser *realista*, concreta e rápida na obtenção de resultados. Todos os programas focalizam com exclusividade a coletividade empresarial nas suas questões provindas da tessitura dinâmica de suas inter-relações profissionais, e respeitam e preservam, a qualquer preço, a privacidade de todos os participantes.

JOGOS TEATRAIS, SIMULAÇÕES E DRAMATIZAÇÃO DE TEXTOS

Tais práticas são excelentes recursos para concretizar, trazer situações para a realidade, ao encenar casos, simular um procedimento, usar um texto para ser aprendido pela dramatização, facilitando a sua compreensão, detectar dúvidas, compreender a realidade, com texto escolhido pelos participantes de um jornal diário ou de uma publicação, como o Jogo do Jornal Vivo.

Para trabalhar novos conceitos, novas regras ou mudanças, e a forma de fazê-los, os recursos teatrais são facilitadores do conhecimento e da elaboração pessoal e grupal. Acrescidos ao *role-playing*, que garante o foco no papel e nas relações, os resultados são surpreendentes e admirados pelos próprios participantes, que os confirmam por depoimentos e avaliações.

Esses recursos possuem muita força de coesão grupal, de desenvolvimento da expressividade e espontaneidade, eliminando temores de se expressar em público e estimulando uma presença mais efetiva.

As formas de jogos teatrais são:

- com palavras: esquetes, diálogos, confrontos, ensaios de apresentação, resolução de dúvidas; com gestos, movimento e comunicação, e diversas modalidades como canto, música, poesia e outras;
- sem palavras: técnicas da fotografia grupal[1], da imagem-estátua[2], expressões faciais, corporais e gestuais, mímica.

RPG PRESENCIAL E VIRTUAL: OS *ROLE-PLAYING GAMES*

O *role-playing game* é um jogo de interpretação de papéis, no qual se personificam personagens de uma história em ambientações e cenários de livre criação, baseados ou não em algum período histórico. O mestre do jogo é o jogador que criou essas condições, incluindo as fichas dos personagens, as regras do jogo e a sua finalidade. O alcance do RPG está na estimulação da imaginação e da criatividade adequadas às regras do jogo (como é na vida real). O envolvimento na assunção dos papéis mobiliza o pensar, o sentir e o agir, exercitando a descoberta de novas formas de agir e de pensar pelas operações mentais e da

---

[1] A técnica da fotografia grupal reproduz cenicamente a composição grupal como é vista e percebida pelo próprio grupo. É uma montagem em que os elementos são os próprios participantes.

[2] A técnica da imagem é uma dramatização sem palavras em que a expressão corporal simboliza os sentimentos e emoções do grupo depois de terem vivenciado um jogo. Formam uma estátua.

emoção, levando em conta a intuição e a sensibilidade. Podem ser personagens fortes e poderosos ou fracos, que devem lutar para deixar de ser fracos e vencer as próprias dificuldades. Após 2000, segundo os *sites* de RPG na internet, os atuais jogos trazem o alinhamento da cooperação e não da competição entre jogadores. Cooperação, pois a história é escrita pelos jogadores juntos. O mestre tem um papel parecido com o de um moderador de grupo. Vivência grupal e conquista do grupo. Todos esses tipos de jogos podem ser dramatizados ao vivo, ou jogados em dramatização virtual pela rede de intranet ou internet. No contexto empresarial, jogos têm sido criados por etapas e com características mais definidas. No entanto, propor situações a serem vivenciadas no "como se fosse", com ambientes e personagens, virtualmente ou presencialmente, ou de forma mista (etapas virtuais e outras presenciais) são possibilidades lúdicas de educação empresarial.

JOGOS COM RECURSOS DE COMPUTADOR NA EDUCAÇÃO EMPRESARIAL A DISTÂNCIA

Nesta categoria, são incluídos os seguintes tipos de jogos:

- jogos introduzidos em pontos estratégicos do programa de educação a distância em programas de capacitação técnica. Neste caso, a sua estrutura e finalidade têm de estar afinadas com o objetivo do conhecimento;
- jogos de desafios para o desempenho da liderança gerencial. São seleções de casos em animação, por *flash* ou com atores (filmado), que uma equipe gerencial ou corpo de liderança terá de estudar e decidir as melhores alternativas, passando por jogadas que incluem obstáculos, desafios, sem saída etc.

- jogos lúdicos e brincalhões para descontrair, jogos de bom gosto e inteligentes, curtos e rápidos, mas sempre em grupo ou em equipes. Exemplos: o jogo da velha por duplas, a forca em equipes, e outros existentes, produzidos especialmente por empresa de educação. O importante é o jogo aproximar, aumentar a comunicação, a discussão produtiva e/ou lidar com opiniões divergentes.

...

: 7 :
OS JOGOS

JOGOS PARA INICIAR GRUPOS

Toda vez que pessoas chegam numa sala para treinamento ou curso, elas estranham o ambiente, as demais pessoas que não foram escolhidas para serem colegas. Chegam só consigo mesmas. Estão dispostas a garantir um espaço confortável ao escolher um lugar que, mesmo ao se levantarem, é marcado pela pasta ou um material pessoal. Para sair dessa fase de estranhamento e aliviar a tensão do desconhecido (as pessoas, o instrutor e o que vai acontecer), alguns jogos facilitam a passagem do estranhamento para o estar aqui e agora junto com os demais.

1 CHEGANÇA

Objetivos: recepcionar, integrar-se ao grupo e proporcionar descontração bem-humorada. Fornece também dados e informações sobre os participantes. Um primeiro retrato.

Princípios: a primeira fase de qualquer grupo caracteriza--se por não haver relação entre os participantes, ou seja, o grupo não está formado. Cada um está consigo próprio, buscando seu espaço e procurando adaptar-se ao ambiente. Outro ponto fundamental é a tensão inicial, que precisa ser quebrada por meio do bom humor, da alegria e do lúdico, fundamentos do jogar. Isso inclui os facilitadores. Para que haja o início da formação de grupo, é necessária uma primeira forma de conhecimento.

Recursos: forma de comunicação e de se chegar às pessoas.

Como fazer: os facilitadores se misturam com os participantes, como se fossem um deles. O jogo se inicia quando o facilitador começa a conversar em voz alta, fazendo comentários sobre o momento, levantando questões a respeito do que vai acontecer naquele treinamento etc. Usa a técnica do "duplo grupal", a voz do pensamento, vai de participante em participante, quando o tamanho do grupo permite, e aos poucos inicia um diálogo, buscando expectativas, fazendo que as apresentações sejam mais espontâneas e menos formais.

2 DE COSTAS

Objetivo: percepção do outro e de si por meio de objeto intermediário.

Recursos: objetos pessoais.

Como fazer:
- todos em círculo, de costas para o centro;
- cada um, na sua vez, pega um objeto pessoal e coloca-o no centro sem que os outros o vejam. A cada colocação, a pessoa retorna de costas. Quando todos colocaram seu objeto, viram para o arranjo de objetos e se sentam;
- comentários sobre o que o arranjo desses objetos comunica aos participantes. Cada um escolhe um objeto sem tocá-lo e fala sobre ele (bonito, elegante, triste etc.). Ao término, cada dono de objeto fala sobre o que foi dito do seu objeto e se tem que ver ou não com ele. Nesse momento, apresenta-se, completando o que foi iniciado.

Processamento: falar sobre o grupo que hoje está aqui, quais suas características, partindo para o contrato e as normas grupais. É um jogo que permite ao coordenador e aos participantes se conhecerem.

3 PRA DIREITA

Objetivo: sensibilização para o tema comunicação, quando o objetivo do treinamento é esse tema.

Princípio: é impossível atender duas pessoas ao mesmo tempo; as pessoas querem ser ouvidas e querem poder se expressar, se foram solicitadas a isso.

Como fazer: todos, sentados em meio círculo, devem fazer exatamente o que o coordenador solicitar. A senha é: "Quando eu contar até 3, façam todos, ao mesmo tempo, o que eu estiver pedindo: 1, 2, 3... apresente-se para a pessoa da direita... já!!!!

O que acontece de surpreendente: como cada pessoa vira para a direita, ninguém consegue ouvir e muito menos se apresentar. Gera um misto de surpresa, riso, raiva e frustração em não atender e não ser atendido.

Processamento: em cima do que falarem, o coordenador faz um processamento e, com base nele, inicia um módulo de Comunicação da Liderança ou Atendimento ou Impactos da Comunicação, tratando também das relações entre eles, como são as expectativas de ser atendido e no quê.

4 ORQUESTRA DE PALMAS

Objetivos: sintonia, harmonização pela sonoridade produzida pelo grupo.

Princípio: formação inicial de rede de complementaridade.

Como fazer: um participante começa a bater palmas, como quiser; um outro continua sem o primeiro parar; e assim por diante, até o grupo todo orquestrar o seu som.

Processamento: a possibilidade de as pessoas se harmonizarem e as condições para tal.

5 JOGO DE PALAVRAS

Objetivo: descontrair uma platéia ou grupo no início de uma palestra ou treinamento.

Princípio: surpreender para envolver no jogo ou no tema.

Recursos: o instrutor, consultor ou palestrante deve ter em mãos um papel bem grande com a palavra NÃO escrita em letras grandes – no formato paisagem, que o público não vê, por enquanto.

Como fazer: escolher uma pessoa do auditório, em geral pessoas que se sentam atrás, e perguntar: Como é o seu nome? A pessoa responde. Em seguida, uma segunda pergunta: Sabe o que está escrito aqui neste papel? A pessoa responderá: NÃO. O líder exclama: acertou!!! E mostra o papel.

6 A RAIZ DA RAIZ DO PROBLEMA

Objetivo: exercitar o pensamento na busca da origem de uma situação ou problema.

Princípio: voltado para questões de processos de qualidade, seu objetivo é detectar fatores causais e encontrar pontos críticos e pontos positivos.

Recurso: um chaveiro com chaves.

Como fazer: um grupo de doze a vinte e cinco participantes.

Senha: "contar a história deste chaveiro ao contrário, de frente para trás, iniciando no agora e chegar até a sua mais remota origem, MAS seguindo as etapas, não podendo pular nenhuma. O coordenador pode começar: "este chaveiro, antes de ser o que é agora, ERA OU ESTAVA... um minuto atrás", e assim por diante até que a origem mais remota do chaveiro seja imaginada pelo grupo.

Processamento: é um excelente jogo de aquecimento para introduzir temas como causa e efeito; razão e conseqüência etc., fornecendo muito material para abordar a criatividade, a imaginação e o próprio conhecimento sobre processos e transformação.

7 QUEM É VOCÊ?

Objetivos: autoconhecimento, conhecimento do outro e apresentação. Inicia-se com o aquecimento, preparando os participantes.

Aquecimento: andar pela sala com diversos ritmos relacionados ao cotidiano na empresa e ao seu trabalho para, finalmente, solicitar que as pessoas olhem para os outros presentes. A um sinal, colocar-se em frente a uma pessoa e iniciar o jogo.

Como fazer (regras do jogo):
- mãos para trás;
- a pergunta "Quem é você?" deverá ser repetida sem outros acréscimos continuadamente a cada resposta dada pelo par;
- o par deverá responder com uma única palavra a cada pergunta feita;
- quando quem estiver respondendo parar, "der branco", quem perguntava passa a responder e quem respondia passa a perguntar;
- ao término de cada dupla, troca-se de par até todos terem sido questionados e respondido.

Processamento: pedir para o grupo comentar e acrescentar o que for necessário quanto às formas de perguntar e à sensação que produz no outro; dependendo da formação da dupla, haverá maior ou menor quantidade de respostas. Na realidade, o quem é você é quem sou eu com base em todas as palavras emitidas.

8 PASSADO, PRESENTE E FUTURO

Objetivo: levantamento de expectativas com relação a si e ao evento.

Princípio: o valor do tempo nas propostas de vida.

Recursos:
- fitas adesivas coloridas de três cores;
- sulfite;
- canetas;
- lápis de cor;
- objetos de uso pessoal (individual).

Como fazer: no chão da sala, com as fitas coloridas, colar três linhas paralelas, de 2 m de comprimento, mantendo um espaço de aproximadamente dois passos largos entre elas. Os espaços representam, respectivamente, passado, presente e futuro, em relação à vida profissional. Individualmente e em silêncio, cada treinando coloca-se em pé dentro do espaço PASSADO e verifica como se sente. Com um objeto pessoal, deve representar esse sentimento e deixá-lo no espaço.

O mesmo processo é feito para PRESENTE e FUTURO com o tempo aproximado de 10 minutos para cada espaço.

Tempo: 1 hora.

Participantes: de quinze a vinte.

Processamento: como estava antes de vir, agora, e como pretende sair do evento.

9 JOGO DOS NÓS

Objetivos: autopercepção, auto-estima e autoconhecimento quanto às competências e à valorização pessoal. O quanto cada um está autorizado pelo grupo a ser verdadeiro, expressar seu talento, reconhecê-lo e poder dizer isso claramente.

Recursos: para cada participante, dois pedaços de barbante de 30 cm cada e com calibre médio. Um *flip chart* – fazer uma tabela para escrever o nome de cada participante e quantos nós pensa que fará a cada fase do jogo. Um cronômetro ou relógio.

Como fazer (instruções dadas aos participantes):
- pegue o barbante com uma mão só e ponha a outra mão para trás;
- ao lado do nome de cada um, o instrutor anota o número de nós que cada um acha que fará com uma mão só, em 3 minutos;
- início do jogo: tempo;
- tempo terminado: cada participante conta seus nós, o instrutor anota o resultado e compara no *flip chart* o quanto cada um disse que faria e quanto realmente fez;
- levantamento de sentimentos e comentários;
- agora, com 1,30 m na outra mão – mesmo procedimento de anotação;
- iniciar;
- tempo terminado – mesmo procedimento.

Processamento: com estes simples nós e barbante, e com a reação e os sentimentos dos participantes, tem-se um rico material para processamento. Se bem processado, é um início para aprofundar a auto-estima e a confiança no grupo (porque não se permitiu dizer que faria mais nós), além de tangenciar as questões das competências.

JOGOS PARA O DESENVOLVIMENTO DE EQUIPES

A base destes jogos é a teoria de desenvolvimento dos grupos, que fornece os indicadores da seqüência das etapas pelas quais devem passar os grupos para se firmarem como tal e evoluírem para equipes. Equipe definida como um grupo em que os papéis são claros e se intercomplementam em vista de objetivos comuns e metas a serem implantadas. Nas organizações, a formação de equipes como times, tais quais conhecemos, pode ser facilitada com recursos como jogos que desafiam a expressão de atitudes, ações e desempenho de papéis, ampliando as relações interpessoais, a confiança e a comunicação, fatores-chave do bom funcionamento de equipes. São excelentes para desenvolver e formar equipes de projeto, por exemplo.

10 ANDAR JUNTO[3]

Objetivos: Os integrantes da equipe ou grupo caminharem juntos e integrados, com base no conhecimento vivenciado dos fatores que interferem na harmonia e ação grupais e quais as alternativas de melhora.

Princípios: as diferenças individuais de ritmo, posição, confiança e valores para a formação e construção de equipes.

Como fazer: aquecimento do grupo pelo andar na sala ao som de música; em seguida, pedir que cada um diga o ritmo que melhor corresponde ao seu trabalho:

- escolha um par, coloque as mãos para trás e encoste a lateral de um dos pés na lateral do pé do colega. Ao sinal, sem falar com o outro, andar sem separar os pés. O coordenador pode dar dicas como: "não deixe as pernas tão afastadas" ou "endireite os ombros";
- troque de lado (os pés);
- caso várias duplas se embolem no centro da sala, dê um toque, e o grupo se reorganiza, criando alternativas;
- forme um trio: a mesma coisa – a pessoa do meio encosta seus dois pés nas laterais dos pés dos colegas. Este é um momento importante de ajuste, de organização e de criatividade;

---

[3] O "andar junto" está baseado na evolução sociométrica dos grupos.

- em determinado momento, a fala é introduzida. Verifique quão importante ela é;
- quem estava no centro vai para uma lateral até que os três participantes tenham estado no centro;
- com cinco pessoas, sete, nove, e daí "gruda-se" o grupo todo.

A senha desta última etapa é fundamental, pois a proposta diz que o grupo terá de dar um passo para a frente, sincronizado, isto é, todos ao mesmo tempo. Nesse momento é que a necessidade de organizar e planejar, além do surgimento de líderes, de quem não consegue ser ouvido ou se fazer ouvir será conteúdo do compartilhar e processamento de aprendizagem. Normalmente, o grupo dá dois passos: um com um pé e o segundo com o outro, o que não é aceito pelo coordenador.

Este é o ponto de desafio maior – a mudança de paradigma e o uso da criatividade. Os participantes podem dar um pulo todos ao mesmo tempo, por exemplo, ou podem usar outras maneiras de dar um único passo.

11 O QUE É MEU NINGUÉM TASCA

Objetivos: trata fundamentalmente das atitudes e sentimentos em relação ao produto do trabalho, das relações e da formação de equipes de projeto.

Princípios: questões comportamentais, como:
- os diversos processos de trabalho em equipe;
- a visão do próprio trabalho e do trabalho dos outros;
- ser fornecedor e ser cliente – visão sistêmica;
- tratamento e qualidade do próprio trabalho e do trabalho dos outros;
- a consideração e a valorização do trabalho de cada um de uma equipe;
- o menosprezo, a desconsideração, a diminuição, o desrespeito, a desvalorização como recursos de imposição *versus* às possibilidades contrárias;
- o apego ao que é produzido e criado e também à centralização de informações;
- o poder individual sobre a produção, sobre as pessoas;
- as artimanhas do esconder.

Recursos:
- usar objetos – legos ou um material de encaixe em quantidade suficiente. Esse material será colocado à disposição para cada equipe ou empresa por um dos facilitadores, no papel de gerente de suprimentos;

- divisão em equipes. Mínimo: quatro pessoas em cada equipe;
- papel e caneta para cada grupo;
- instruções por escrito (a seguir);
- tempo cronometrado.

Como fazer:

Etapa 1 • Instruções às equipes "que foram chamadas a participar de uma concorrência internacional sobre um produto inovador".

Etapa 2 • Projeto e planejamento de um protótipo e sua construção.

Etapa 3 • As peças só serão fornecidas mediante uma argumentação que convença o "gerente de suprimentos". Nesse momento, é importante observar o comportamento de querer pegar todas as peças para si, para sua equipe, sem critério, e deixar as outras equipes sem matéria-prima (isso será discutido posteriormente no processamento). A dinâmica de cada equipe será observada, segundo critérios da Teoria dos Grupos, para *feedbacks* posteriores.

Etapa 4 • Apresentação das produções com *marketing*, preço, retorno etc. (instruções dadas).

Este é o momento essencial do jogo: o drama e a reação dos participantes quanto a deixar para o outro, como no cotidiano, passar o trabalho, as informações.

Etapa 5 • Solicita-se que cada grupo deixe seu trabalho e mude de mesa, desloque-se para ocupar o espaço deixado pelo grupo à sua direita. Todos os grupos se movem para a direita ao mesmo tempo. A ordem é determinada pelo facilitador.

> ► Durante o deslocamento, ordena-se que parem todos, fechem os olhos e falem em voz alta o que estão sentindo e pensando. Esta passagem é dramática e deve ser trabalhada pelos facilitadores quanto aos sentimentos e reações trazidos pela mudança de espaço/zona de conforto, de ter de deixar sua criação, seu produto. Explorar as emoções e sentimentos mais para conhecimento e compartilhamento e não para "tratar" delas, sem demorar muito. Essa parada leva à consciência do que permeia as relações na empresa e como cada um vê o(s) outro(s) e sente como é visto. Amplia-se para as relações entre áreas diversas, mas isto no fechamento. Levantam-se questões tais como confiança e desconfiança, insegurança, medo, desestabilização, posse, "o que é meu ninguém tasca" etc., anotadas para o processamento.
>
> **Etapa 6** • Segundo momento importante deste jogo: *mudança de paradigma comportamental e ético.* Cada grupo tem de aperfeiçoar o trabalho recebido, somente acrescentando peças, sem desmontar nem descaracterizar o trabalho do outro. Apresentação sintética de cada aperfeiçoamento do produto. É um desafio não destruir o trabalho do outro, aceitar que ele é bom e que outros estarão aperfeiçoando aquele trabalho do qual participei.
>
> **Etapas 7 em diante** (depende do número de subgrupos) • Faz-se o rodízio de todos e, a cada mudança, há um "quê" de diferença desafiante. Assim subseqüentemente até voltar para o seu produto de origem, repetindo-se a etapa 4. Essas mudanças/rodízios, que têm de ser acelerados, desafiam os participantes em três sentimentos: aceitação, rejeição ou indiferença em relação aos diversos "produ-

tos" e em relação aos seus autores, e o que implica ter deixado seu produto nas mãos de outros.

Etapa final • No retorno ao local de origem, seguem-se a análise e a percepção das modificações e transformações que o produto original sofreu, e como a equipe está lidando com essas transformações. Geralmente expressam, mas com dificuldade, que o seu produto precisa ser melhorado. Há um questionamento do tipo: "Como não havíamos pensado nisto?" É em cima dessa pergunta que se trabalha no processamento.

Processamento e avaliação: cada grupo recebe material para avaliação da dinâmica grupal. Apresentam os resultados e as aprendizagens técnica e comportamental. Há ênfase nas questões que tratam das relações no trabalho: os apegos e os desapegos, as centralizações ou a cooperação, enfim, fenômenos grupais importantes.

A finalização do jogo se dá por processamento teórico-prático, retirando-se de todas as etapas os pontos fortes e fracos das diversas equipes e indicando, em co-construção coletiva, as viabilidades de ações benéficas para o aperfeiçoamento das relações interpessoais, da produtividade e do reconhecimento.

Esse processamento é preparado, num primeiro momento, pelos consultores, com base nas observações e anotações da equipe que as organiza, enquanto cada subgrupo fornece sua auto-avaliação com indicadores fornecidos em cartelas. Num segundo momento, os participantes processam a aprendizagem com base em sua avaliação de cada equipe.

Folha de instrução:
1. Vocês estão participando de uma concorrência internacional sobre um "produto inovador".
2. Esse produto que vocês vão criar tem de ser original, sem nenhum concorrente no mercado, e deve ser útil para a humanidade.
3. Aqui está o departamento de suprimentos e a matéria-prima é: (apresentam-se os legos).
4. Só terão direito a retirar a matéria-prima se o pedido for bem embasado e só depois de o projeto estar pronto.
5. O produto deve ter nome, preço, descrição de sua utilidade e do seu diferencial.
6. A apresentação diante da Comissão é de, no máximo, 3 minutos; portanto, sejam objetivos.

Material de avaliação: É constituído de tiras e, em cada uma delas, está escrito um dos fatores grupais como liderança, comunicação, saber ouvir, administração do tempo etc., com os quais se formam *kits* para cada equipe se auto-avaliar e até acrescentar algum item que queira expressar. Em geral, cada equipe discute e se classifica, atribuindo pontos positivos e pontos negativos; algumas vezes, fica na coluna do meio. Com esse material, o consultor (ou o departamento de RH) poderá trabalhar como achar melhor. Uso *kits* com catorze itens, pois é importante que o jogo, por ser um fator de aprendizagem, tenha alguns parâmetros para o pessoal se guiar. Muito proveitoso é formar um grande painel onde os pontos comuns, fortes e fracos, são evidenciados; com esse mapa, são tomadas as decisões e produzidos os planos de ação.

12 O ESCULTOR DAS COMPETÊNCIAS

Objetivos: renovar e atualizar as competências pessoais e do papel profissional numa equipe.

Princípios: este jogo aprofunda a auto-avaliação e o autoconhecimento do papel profissional de cada membro. Com base no inventário de competências – cada participante preenche um –, o participante faz uma escultura do seu papel profissional com as competências assinaladas para, em seguida, jogar com essas competências, personificando-as.

Recursos:
- o inventário (veja modelo no final do exercício);
- materiais diversificados para serem utilizados na feitura de escultura, tais como papéis, barbantes de cores variadas, cola, tesouras, palitos, copos de diversos tamanhos, caixas, purpurina, *glitter*, cola, durex etc., em grande quantidade e coloridos.

Como fazer:
- palestra sobre o papel profissional, fundamentos e desenvolvimento, ou levantar com o grupo as questões referentes ao papel profissional e funcional de cada um;
- preenchimento do inventário de competências;
- execução da escultura com o material disponível. Deve ser uma escultura tridimensional, que expresse o papel profissional;

- apresentação das esculturas – Nesta apresentação, é importante que o coordenador pergunte o que cada um percebe como necessário: evoluir, conhecer, crescer e se desenvolver;
- em seguida, cada um escreve numa folha de papel quais os investimentos que são importantes para sua vida profissional;
- as folhas de papel vão para um painel. Nesse painel, teremos o material para a segunda parte do jogo – agora grupal;
- Jogo Dramático, em que cada participante escolhe no painel uma das competências que quer personificar. Esses personagens – competências – são convidados a criar um profissional em que essas competências, que adquiriram vida, são partes interconectadas para seu sucesso. Essas competências falam, discutem, já que num jogo como este a fantasia é possível, e a criatividade é a grande mestra do perfil co-construído;
- a função do coordenador de grupo é facilitar a expressividade das competências. Se um participante quiser trocar de personagem para experimentar, ou o grupo quiser fazer alterações, não há problema;
- vivência terminada, compartilhamento, e que cada um considere os benefícios desta nova visão;
- processamento trazendo a vivência para a realidade;
- plano de investimento pessoal na carreira e/ou processo de crescimento profissional.

Participantes: de quinze a vinte e cinco.

Duração: 4 horas (com vinte participantes).

INVENTÁRIO-MODELO (pode ser alterado)

Papel profissional? Habilidades, qualidades, talentos e atitudes-competências positivas

Assinale as que você reconhece como suas competências. Não vale ser modesto.

[   ] Afetuoso
[   ] Ágil
[   ] Agradável
[   ] Agregador
[   ] Alegre
[   ] Ambição
[   ] Amigável
[   ] Amistoso
[   ] Aprendiz permanente
[   ] Arrojado
[   ] Articulador
[   ] Assertivo
[   ] Atencioso
[   ] Atualizado
[   ] Autodesafiador
[   ] Autonomia
[   ] Bom humor
[   ] Bom com trabalho
    de equipe
[   ] Bom ouvinte
[   ] Capacidade de análise
[   ] Capacidade de síntese
[   ] Carismático
[   ] Compreensivo
[   ] Comprometido

[   ] Comunicador
[   ] Concretizador
[   ] Confiável
[   ] Conhecimentos
[   ] Conhecimentos
    especializados
[   ] Considera os outros
    como parceiros
[   ] Cooperação
[   ] Coragem
[   ] Criatividade
[   ] Curiosidade
[   ] Democrático
[   ] Descontraído
[   ] Desenvolvedor
    de pessoas
[   ] Desenvolvedor
    de produtos
[   ] Determinado
[   ] Digno
[   ] Diplomata
[   ] Divulgador
[   ] Empreendedor
[   ] Entusiasta
[   ] Escuta ativamente

- [   ] Espontaneidade
- [   ] Ética
- [   ] Experiência
- [   ] Explora alternativas antes de agir
- [   ] Facilidade de estabelecer contatos
- [   ] Flexibilidade
- [   ] Generosidade
- [   ] Honestidade
- [   ] Humanista
- [   ] Incentivador
- [   ] Independência
- [   ] Iniciativa
- [   ] Inovação
- [   ] Integridade pessoal
- [   ] Inteligência
- [   ] Intuição
- [   ] Investe em si mesmo
- [   ] Justiça
- [   ] Motivação
- [   ] Multiplicador
- [   ] Negociador
- [   ] Paciência
- [   ] Participação
- [   ] Pensa antecipadamente
- [   ] Pensa por si mesmo
- [   ] Percepção
- [   ] Persistência
- [   ] Planejador
- [   ] Planejamento
- [   ] Ponderação
- [   ] Pontualidade
- [   ] Prática de compartilhar
- [   ] Prático
- [   ] Prestativo
- [   ] Princípios e valores
- [   ] Realista
- [   ] Respeito
- [   ] Responsabilidade
- [   ] Sabe o que quer
- [   ] Segurança em si mesmo
- [   ] Sensibilidade
- [   ] Serenidade
- [   ] Simplicidade
- [   ] Sinceridade
- [   ] Solidariedade
- [   ] Tato
- [   ] Transparência

13 O ARQUIPÉLAGO

Objetivos: formação e desenvolvimento de equipes.

Princípios: cooperação, estratégias, criatividade e liderança.

Recursos: fita crepe ou corda. (Pode ser feito em sala ou ao ar livre).

Como fazer: com a fita crepe ou a corda, formar três ilhas no chão; o contorno dessas ilhas deve ser irregular, sendo a primeira com espaço interno em que caiba o grupo todo com conforto. A segunda deverá ser feita a distância de uma boa passada da primeira, mas esta deverá ter o tamanho reduzido; a terceira deve ser da mesma forma e com tamanho bem mais reduzido, no qual o grupo caiba, mas não com tanto espaço quanto na primeira ilha, isto é, com menos conforto.

Jogando: o grupo tem de passar para a segunda ilha e, depois, para a terceira, cabendo todos na "ilha" e não quebrando as regras.

Regras: se pisar na corda ou na fita crepe, o grupo todo volta ao início, à primeira ilha. Se cair para fora da ilha, também volta.

▶ **Processamento:** incentivar as impressões, sentimentos diversos, ações, queixas, frustrações e conquistas, e demais situações.

Fechar com palestra interativa sobre equipe junto com o(s) grupo(os).

Duração: 1 hora e 30 minutos.

Participantes: cada equipe deve ter, no máximo, vinte e cinco participantes. Poderá haver até duas ou três equipes competindo, o que reforçará a cooperação interna.

14 O JOGO DRAMÁTICO DO PODER

Para este jogo, o coordenador precisa estudar e conhecer bem o tema "poder", para explorar os conteúdos do drama do poder nas organizações.

Objetivo: por meio do lúdico, podemos abordar e aprofundar temas considerados difíceis, como a questão do *poder* numa equipe e na organização.

Princípios: o poder permeia os vínculos relacionais de todos os seres humanos, em qualquer parte e em qualquer ambiente, não somente nas organizações. Mas nestas é que o poder toma corpo, levando as pessoas a estratégias, ações, máscaras e jogos para exercê-lo. A questão dos valores éticos relacionados ao poder e implicados nas relações hierárquicas de pares e subordinados gera posturas e comportamentos muitas vezes complexos e difíceis de serem tratados e complementados, pois são produzidos por entendimentos privados ou necessidades individuais que acabam repercutindo no coletivo.

Recursos:
- grupos de, no máximo, vinte participantes e, no mínimo, doze – divididos em quatro equipes;
- doze cartelas de figuras que inspiram PODER, numeradas de 1 a 12;
- um dado gigante;

- quatro *kits* de fitas com 30 cm. Cada *kit* deve ter as cinco cores básicas.

Como fazer:

- o grupo se organiza em quatro subgrupos/equipes e recebe um *kit*;
- o coordenador explica o jogo: embaralham-se as doze cartelas; representantes de time jogam o dado duas vezes e retiram, a cada jogada, a cartela correspondente ao número. Assim fazem os quatro times;
- cada time tem 5 minutos para trocar experiências e discutir as duas figuras e o PODER que delas decorre;
- mais 5 minutos para montar uma cena que expresse a trama desse PODER;
- apresentação de cada cena e discussão de cada trama e enredo do poder;
- com as fitas, os quatro times "tecem o poder". Este tecer pode ser feito colando-se as fitas sobre a cartolina; colocadas, sem cola, no chão ou formando um painel.

Processamento: explorar as relações e os jogos do poder nos grupos e na vida e a avidez de poder do ser humano. Como lidar com o poder.

Duração: 2 horas.

15 CARTOGRAFIA EMPRESARIAL PARA MUDANÇAS

Objetivos: visão sistêmica e interdependência das áreas, consciência da posição de cada um no fluxo organizacional.

Princípio: jogo de tabuleiro gigante – piso de uma sala demarcada por fita crepe. As peças são as pessoas.

Recursos:
- espaço plano, como o chão de uma sala;
- uma cadeira de material leve para cada participante;
- um rolo pequeno de fita para cada um e tesouras.

Como fazer: Todos os participantes devem ficar em volta do tabuleiro (lado externo).

Início • indica-se a localização da entrada e da saída da empresa (*input* e *output*).

Etapa 1 • Senha: sem falar, cada um deve entrar "na empresa" levando uma cadeira (leve) e sentar-se onde acha que corresponde à posição/lugar que ocupa na empresa.

Regras: ao sentar-se, deve-se ficar imóvel – não se pode virar para o lado nem alterar a maneira como está sentado.

Etapa 2 • Entrevistar cada um e perguntar como está se sentindo, se está confortável e como se sente em relação aos demais. Estas falas são disparadoras para a consciência da escolha feita e de como a pessoa se percebe na empresa, de como está em relação aos demais.

Regras: a um sinal, cada um poderá alterar a sua posição. A outro sinal, deve parar onde está, mas pronunciar-se a respeito do porquê da mudança.

Etapa 3 • Cada um poderá fazer mais duas jogadas, isto é, trocar de lugar até duas vezes com a finalidade de melhorias. A segunda jogada deverá ser feita por todo o grupo após decidirem qual a melhor distribuição e por que, articulando a nova cartografia da empresa em função de necessidades que o próprio grupo levantou e pretende solucionar.

Regra: esta ação será negociada. Caso o argumento não convença, ninguém se move.

Papel do coordenador: a cada movimentação, os jogadores são convidados a olhar a empresa e a fazer comentários (se melhorou ou piorou). Isso ocasiona muita discussão, porque cada um vai percebendo que enxerga a empresa a seu modo, produzindo uma cultura e valores particulares, nem sempre compartilhados.

Encerramento: o jogo termina quando o grupo não quer mais mudar.

Processamento: o grupo refaz o processo discutindo as suas descobertas e decisões e um plano de mudanças com data e tempo de execução.

Duração: 4 horas e 30 minutos.

16 JOGO DOS SONHOS

Objetivo: "sonhar é preciso". Este jogo resgata a capacidade de sonhar, concretizando um sonho de forma lúdica com auxílio de peças de madeira e de plástico.

Princípios: jogo motivacional e de suporte para definição ou redefinição de missão, metas ou objetivos. Sonhando, elaborando e concretizando sonhos é que recuperamos a criatividade e a crença em nós mesmos e nos outros, os *players* da vida!

Recursos:
- caixas de peças de madeira e/ou de plástico, objetos intermediários. O procedimento completo possui três etapas com processamento e fechamento;
- uma sala para vinte a trinta participantes, cadeiras e mesas individuais, um *flip chart*, um aparelho de CD. A música deverá ser apropriada à ocasião.

Como fazer: relaxamento com entrada em contato com o momento atual e estimulação para deixar a imaginação solta, sonhar com o que quiser quanto ao papel profissional. Quando um sonho estiver constituído, cada um pegará peças e concretizará seu sonho profissional.

Processamento: o que cada sonho tem que ver com o momento da pessoa, do profissional ou da empresa, e como pode ser aproveitado na redefinição de metas e objetivos. ▶

Duração: 2 horas e 30 minutos (com vinte participantes).

Alternativas:

- para criar inovações num setor, área ou equipe. Cada um monta seu sonho, como gostaria que seu setor funcionasse. Em seguida, compartilham-se os produtos/sonhos, e o grupo elabora mudanças e discute como torná-las viáveis;
- do sonho, deve-se passar à realidade por planos de ação e decisões, com prazos e investimentos pessoais.

17 A REDE DE PESCA
(resgatando valores da empresa)

Objetivo: compartilhar os valores da empresa e a sua prática no dia-a-dia.

Princípios: os valores são muitas vezes citados, mas pouco esclarecidos em termos de ações e comportamentos.

Recursos: uma rede de pesca arrastão, cartões escritos com os valores, cada um com um valor, no fundo da rede. Fitas de várias cores, grampeadores e tesouras.

Como fazer:

- os participantes seguram a rede em vários pontos, sacodem-na, e, um a um, retiram um cartão, o lêem em voz alta e contam situações que correspondem à prática positiva desse valor;
- havendo dificuldade, os demais cooperam na co-construção das situações/valores;
- a rede, agora vazia, é colocada no chão, bem esticada;
- o grupo discute as inter-relações entre os valores e quais as práticas correspondentes – anotam no *flip chart* essas ações, atitudes e comportamentos expressos;
- organizam a rede de valores;
- os cartões são pregados de forma a montar a sua distribuição na rede sistêmica de valores e, em seguida, usando as fitas, devem-se unir os cartões com as fitas coloridas.

> ▸ **Processamento:** retomada do processo, elencando os pontos fortes e fechando com uma rodada de compromisso pelas decisões tomadas em termos comportamentais.

18 NA REDE

Objetivos: tomar consciência da complexidade do fluxo do trabalho e quais as responsabilidades de cada um nesse fluxo que forma uma rede.

Recursos:
- rolos de fitas de cores variadas medindo de 2 a 3 cm de largura – um rolo e uma cor para cada área/setor/departamento que participará do jogo;
- tesouras: uma para cada duas áreas/setores/departamentos.

Como fazer: formar um círculo, estabelecendo uma distância entre cada área representada. Cada representante escolhe uma cor de fita; haverá entre cada área uma tesoura.

1ª rodada • cada área descreve o que faz, qual o seu trabalho.

2ª rodada • cada área envia a fita desenrolando o rolo, mas segurando-o, até as áreas-alvo para as quais percebe que seu trabalho é importante. Tem-se, então, uma teia de fluxo na qual as fitas se entrelaçam, concretizando a dinâmica das informações e de trabalho.

3ª rodada • o grupo expressa seu pensamento e sentimento a respeito de suas descobertas e mudança de visão da empresa.

4ª rodada • reflexão de cada um sobre a sua responsabilidade.

▶ **Processamento:** em conjunto com o grupo, elaborar a aprendizagem.

Duração: depende do número de áreas presentes. Por experiência, de oito a doze áreas – 2 horas e 30 minutos.

19 JOGO DA VISÃO E MISSÃO DA EMPRESA

Objetivos: como a visão e a missão estão internalizadas pela área decisória da empresa.

Recursos:

- objetos intermediários como *legos* ou outros em *kits* individuais – pôr grande quantidade de peças em cada *kit*;
- mesas e cadeiras dispostas em círculo e com bom espaço entre elas;
- cada participante se sentará de costas para o centro do círculo, não vendo os demais participantes, e receberá um *kit* de peças.

Como fazer:

- aquecimento: repetem-se a visão e a missão da empresa, pedindo que cada um perceba qual a imagem que lhe vem à mente. Identificar essa imagem, onde ela acontece, quando e o que representa para o seu papel na empresa;
- pedir para que montem com as peças do seu *kit*: como é a empresa para cada um (esculpir a empresa como ela é para si) e como enxerga e vê essa empresa e sua missão (se necessário, entregar a cada participante um roteiro);
- ao término, todos se viram para o centro, levantam-se, vão conhecer as construções dos demais e apresentam a sua visão da empresa e a missão como a colocaram. Então, abre-se um painel de discussão;

- a última etapa é construir uma única montagem com a visão e a missão da empresa elaborada coletivamente.

Processamento: diálogo e plano de ação e de mudanças.

Duração: com os debates de planos de ação e mudanças, uma diretoria com seis a oito diretores – 6 horas.

Obs.: este jogo poderá levar a uma discussão de estratégias de negócio.

20 GASTRONOMIA "BRASILEIRINHO"

Objetivos: integração e tomada de decisões em equipe, enfrentar o novo e desconhecido.

Princípios: a estratégia sistêmica da inter-relação entre cada prato traz a vivência de logística, estratégias e resultados alcançados, com bom humor, prazer e envolvimento, que são componentes essenciais à motivação, à criatividade e à energia de ação, bases para um pensamento livre e flexível. Execução e degustação de uma refeição completa, cardápio à brasileira com sete pratos e mais duas sobremesas, realizadas em uma hora e meia. É um *workshop* no qual se enfoca, acima de tudo, o vivenciar a qualidade dos relacionamentos, o espírito de equipe e a cooperação como base para processos com resultados.

Recursos:
- grupos de, no máximo, cinco pessoas;
- todos os ingredientes de um cardápio, utensílios e apetrechos de cozinha e de mesa;
- avental, luvas, máscaras, coberturas para a cabeça, e sapatos adequados;
- uma cozinha higienizada com fogão, pia e geladeira.

Como fazer: iniciar contando, com cenas pitorescas, a história da culinária brasileira.

> ▶ Ensinar para que serve cada ingrediente e como pre-pará-lo; nomear os utensílios; distribuir as fichas de cozinha de cada prato com tempo de preparo, cozimento e como servir.
>
> **Processamento:** avaliar a qualidade e repassar o processo com seus pontos positivos e os impasses, estabelecer relações minuciosas com os processos produtivos intelectuais e operacionais. Gestão de processo, desenvolvimento de equipes, planejamento estratégico, logística, qualidade e outros.

JOGOS PARA PROFISSIONAIS DE COMUNICAÇÃO E ATENDIMENTO

Passamos da era da informação para a do conhecimento, e a comunicação tem se transformado muito mais além da equação emissão-receptor. Os sistemas comunicacionais estão cada vez mais complexos e aparentemente facilitam a comunicação entre as pessoas, sem o "olho no olho" e sem escutar a voz presencialmente do outro e a sua própria. Por ser um dos elementos essenciais à complementaridade de papéis, a comunicação precisa ser trabalhada para que as equipes e seus relacionamentos intragrupos não sofram solução de continuidade, gerando conflitos, desentendimentos, falta de compreensão de propostas, dificuldade de falar em público ou em grupo, de expor idéias, projetos etc. Focados no tema, os jogos presenciais são importantes para assegurar a permanência da comunicação interpessoal viva e própria ao ser humano. No atendimento a clientes via telefone é a principal ferramenta: a voz, a entoação, ouvir o outro, decodificar a mensagem, entender as entrelinhas...

21 COMUNICAÇÃO COMPLEMENTAR PELO TELEFONE

Objetivos:
- complementaridade – estabelecer a comunicação complementar em processos de atendimento ao cliente interno ou externo pelo telefone;
- desenvolver a sensibilidade, a percepção, o prestar atenção, a concentração no que ouve, principalmente, compreender o cliente, o que ele deseja, o que ele quer ou não para estabelecer a complementaridade. Essa relação produz resultados.

Recursos:
- baralho de clientes – preparado pelo instrutor/coordenador/consultor. Pegar cada carta e escrever um tipo de público, personalizá-la para cada empresa, por exemplo, adolescente, idoso(a), homem de poucas palavras, homem que fala muito, mulher que quer bater papo, jovem agressiva, uma senhora com dificuldade de audição, um entusiasta em ajudar os outros, um reticente, um desconfiado, um alegre, um cordato etc. Enfim, em cada organização e região, utilizar a cultura local;
- cadeiras distribuídas em forma de auditório. Todos ficam sentados para ouvir uma palestra.

Como fazer: um voluntário sai (depois todos farão o exercício) e é orientado a preparar uma fala para o grupo que ele não conhece e o qual administrará – ele sabe que o grupo sorteará um tipo de cliente.

Aqui está o desafio: o voluntário terá de encontrar uma forma rápida de concluir quem são as pessoas da platéia para adequar o tema e a forma de falar.

Enquanto ele estiver fora, o facilitador pede para alguém sortear uma carta do baralho de clientes.

Todos os participantes devem assumir o personagem e só se comportar e falar como tal, sem caricaturar.

O desafio está em estabelecer uma comunicação diferenciada com cada cliente – deixar de falar automaticamente.

Colocar-se no lugar do cliente, interpretando várias vezes tipos diferentes, aumenta a sensibilidade e o respeito para com o outro, que é atendido por telefone.

1ª parte • a pessoa entra e senta-se de costas para a platéia, como se estivesse ao telefone, e inicia o *script* de atendimento. Alguém da platéia responde, segundo o perfil determinado pela carta sorteada, exercitando, a cada rodada, a inversão de papéis ou passa a ocupar o lugar do outro.

2ª parte (só em treinamentos) • neste desafio, anotamos os pontos mais fortes DE CADA UM e os pontos que devem ser melhorados: como se saíram, recursos, espertezas... O *feedback* é dado tanto pelo grupo como pelo facilitador.

Poderá ser realizado em sala de treinamento, por telefone, ou na própria operação, com dois ou três operadores: nesse caso, é o supervisor que faz o papel do cliente, ou um operador assume um cliente difícil e, em conjunto, experimenta-se resolver a situação.

> **Pré-requisitos:** este jogo só poderá ser posto em prática quando o clima de trabalho for de confiança. Só assim poderá ser visto como jogo e não como lição de moral.

22 COMUNICAÇÃO COMPLEMENTAR

Objetivos:
- complementaridade – estabelecer a comunicação complementar em processos de atendimento presencial; falar para um público ou falar numa reunião, apresentando um produto ou resultados;
- desenvolver a sensibilidade, a percepção, o prestar atenção, a concentração no que se ouve, principalmente compreender o cliente ou platéia, o que ele deseja, o que ele quer ou não para estabelecer a complementaridade. Essa relação produz resultados.

Como fazer: (do mesmo modo do jogo anterior, por telefone, mudando o seguinte):
- o participante que está fora prepara uma apresentação. Ele pode escolher sobre o que falar ou, se for o caso, em treinamento, poderá receber um tema de interesse do grupo;
- ao entrar, não fica de costas, mas será um palestrante de frente para o grupo.

Processamento: trabalhar o processo de comunicação, revendo momentos importantes para a aprendizagem do grupo, co-construindo conceitos e conhecimentos.

23 COMUNICAÇÃO: ENSINANDO UM EXTRATERRESTRE

Objetivos:
- desenvolver a habilidade de ensinar um procedimento a distância, usando somente a comunicação verbal;
- adequar o uso do vocabulário;
- aperfeiçoar a comunicação objetiva e clara;
- ensinar o "marciano", a distância, a encher um copo com água, sendo que ele só conhece as palavras e reconhece alguns objetos, mas não conhece as ações (verbos).

Recursos:
- uma jarra com água e um copo;
- um "marciano": geralmente o coordenador de grupo (que não facilitará), que ficará de costas para o "instrutor" e de frente para o grupo;
- uma mesa com os recursos e uma cadeira;
- uma cadeira para o instrutor.

Como fazer: o "marciano" e o instrutor deverão ficar de costas um para o outro. Instalados, o instrutor inicia a "aula". Seu objetivo é fazer o "marciano" encher o copo com água da jarra e beber.

Papel do grupo: dar *feedback* ao "instrutor" sobre como estão sendo os resultados.

Regra do jogo: após cada ação do extraterrestre, o grupo somente poderá dizer o seguinte: "Conseguiu", "Não conseguiu".

Papel do "marciano": fazer diferente, não entender e depois fazer exatamente o que o "instrutor" diz. Após um certo tempo, poderá haver a substituição do "instrutor".

Processamento: juntamente com o grupo, levantar em *flip chart* todas as contribuições do que foram descobrindo para, em seguida, por meio de exemplos e exercícios, refazer os pontos-chave.

Este jogo poderá ser um ótimo início de programa de desenvolvimento do falar em público.

Duração: 2 horas.

Participantes: em número ilimitado.

JOGOS PARA A QUALIDADE DE VIDA

Desenvolver o conceito de qualidade de vida se faz cada vez mais necessário em nosso cotidiano, principalmente nas zonas urbanas. Nas empresas, esse conceito, aliado à qualidade do ambiente de trabalho, é cada vez mais necessário dada a pressão, o pouco espaço para si e para pensar, o refletir mais além do que a empresa exige. Os jogos são a oportunidade vivencial e afetiva de refletir sobre sua própria vida, como está sendo conduzida, trazendo à consciência o que se deseja e se precisa. Propõe também um posicionamento pessoal diante do mundo e mudanças na qualidade do ambiente de trabalho já que faz parte da vida.

24 QUALIDADE DE VIDA URBANA

Objetivo: desenvolver o conceito de qualidade de vida.

Recursos: material de sucata, tintas, fitas, cola, cartolinas e papéis, tesouras, barbantes, copos descartáveis de vários tamanhos, palitos, pás de madeira de sorvete etc.

Como fazer:

- dividir em subgrupos de quatro a seis pessoas, no máximo;
- aquecimento: deixar as pessoas conduzirem uma reflexão sobre como estão vivendo hoje, na cidade em que moram, o que consideram ruim, sem qualidade, o que consideram bom... e o que imaginam como cidade ideal para viver. Sonhar com a cidade e serviços ideais;
- dar de 10 a 15 minutos para os subgrupos discutirem o tema EM QUE CIDADE EU GOSTARIA DE MORAR COM QUALIDADE DE VIDA;
- terminado o tempo, cada grupo construirá uma maquete que concretize a cidade dos seus sonhos;
- cada grupo apresenta sua maquete;
- compartilhar os ideais e o que é preciso para atingir esses objetivos.

Processamento: da experiência das maquetes, o grupo e o consultor vão co-construindo a concepção de qualidade de vida, ampliando-a o máximo possível. Importante é o coordenador conhecer bem o tema para nutrir o conhecimento.

25 SINERGIA AMBIENTAL

Objetivo: por meio da construção coletiva do conhecimento, desenvolver conhecimentos para a formação da consciência das questões do meio ambiente

Princípios: sinergia, do grego *synergos*, refere-se aos efeitos cooperativos e combinados, produzidos por dois ou mais elementos, partes ou indivíduos, convivendo num determinado sistema ou *habitat*. A alteração num ambiente por um indivíduo desencadeia um estímulo em outros indivíduos que tendem, por sua vez, a estimular novos indivíduos, dando assim origem a um comportamento coletivo. De mesmo modo, todo elemento ocupando espaço, fazendo movimento, crescendo e se desenvolvendo impacta os demais em cadeia. Às vezes, são criadas sinfonias nas quais harmonia e equilíbrio sustentam o todo. Outras, cria-se um caos pela entrada e participação de estranhos ou elementos que sofreram mudanças e não agem mais da mesma forma.

Por se tratar de um jogo com bases sistêmicas e de ação, o jogo da sinergia ambiental propõe o encontro do homem com o homem e o ambiente, jogando com os fatores que, combinados, provocam determinados fenômenos diretamente responsáveis pela maior ou menor qualidade ambiental.

Recursos: material reciclado.

Como fazer: há duas versões deste jogo:

1ª versão • o jogo é a montagem de um cenário ambiental onde todos os fenômenos, fatores e elementos estão presentes, representados por materiais reciclados. Os participantes, divididos em equipes, trabalham como se fosse em tabuleiros (ou mesas/pranchões) com material reciclado, no qual criatividade, construção, ação e transformação produzem um cenário ambiental.

2ª versão • após a leitura e palestras sobre o tema, cada participante assume um dos elementos do sistema ambiental, tornando-se um personagem. Após todos os personagens escolhidos e assumidos, os participantes irão posicionar-se, formando um conjunto sistêmico e darão vida a eles, conversando, concretizando a vida e os problemas ambientais e transformando-os em soluções. Qualquer pessoa pode participar. Não há limitações.

JOGOS PARA INCENTIVAR MUDANÇAS

Atualmente, mudar passou a ser a palavra-chave nas organizações. Parece até lugar-comum! Interessante notar que até certo tempo atrás, mudar não era bem-visto, pois quem mudava muito era instável, infiel e não digno de confiança, pois não sabia o que queria na vida e surpreendia os outros! Hoje, mudar, alterar, acrescentar, conhecer mais, se faz em rearranjos do Papel Profissional, dada a velocidade do conhecimento e da informação que requer atualização rápida dos fatores em jogo no globo quanto às mudanças do modo de fazer e de pensar conceitualmente sobre o trabalho. A consciência e a necessidade das mudanças como movimento pessoal e grupal podem ser facilitadas com menor angústia, quando jogos e jogos vivenciais, como o sociodrama do trabalho, explicitam e abrem espaço para o coletivo compartilhar. O fundamento está na própria teoria de grupos e na teoria de papéis, nas quais se evidencia que a vida é feita de mudanças para crescer.

26 CALEIDOSCÓPIO

Objetivos: sensibilização para mudanças; visualizar a dinâmica das mudanças.

Recursos: caleidoscópios em número suficiente.

Como fazer: brincar com os vários caleidoscópios, surpreender-se com as formas e cores em movimento, com a beleza dos resultados ao movimentá-los.

Processamento: compartilhamento entre os participantes e estabelecimento de relações com as mudanças.

27 SOCIODRAMA DO TRABALHO

Objetivos: consciência das mudanças nos últimos vinte anos para trabalhar as mudanças em cada um e as mudanças necessárias, como desenvolvimento pessoal e profissional.

Princípios: mudanças sempre existiram, e atualmente provocam grande impacto em nossa vida. O importante é que os participantes possam se apropriar deste conhecimento para refletir sobre as mudanças.

Recursos: *data show* com *slides* preparados que, passados em seqüência, provocarão lembranças de mudanças em todas as áreas.

Como fazer: solicita-se que o grupo forme subgrupos com base nos critérios que são as etapas principais das mudanças que se objetiva enfocar.

Cada subgrupo discute e prepara uma apresentação dramática sobre a fase escolhida, demonstrando as mudanças no trabalho ou as características mais importantes, manifestando o que quiserem, quer seja visão crítica do período ou elogios.

Ao final, cada subgrupo elege um representante. Todos os representantes, reunidos no centro da sala, criarão uma apresentação dramatizada concreta ou simbólica (imagem com movimento), reunindo os dados mais marcantes do conjunto.

Processamento: amarrando as ligações entre as épocas e tipos do trabalho para projetar a partir do aqui e agora para o futuro.

JOGOS AO AR LIVRE

Hoje em dia, há inúmeras propostas de atividades de treinamento fora das tradicionais salas de treinamento. Sem dúvida, são bem-vindas numa época em que vemos e acessamos informações, conhecimentos e a imensidão do mundo por um "funil"/tela. Sair da tela para espaços amplos, concretos, de chão, ar, vento e horizonte são fundamentais para a saúde. Na minha prática profissional, tenho estabelecido parcerias com organizações selecionadas que têm profissionais preparados e com fundamentação e que oferecem segurança física aos participantes. No entanto, há também a alternativa dos jogos ao ar livre, que podem ser criados e realizados com os mesmos objetivos desafiantes e instigantes em equipes e não só individualmente, mobilizando raciocínio, estratégias, agilidade etc., pondo em prática o princípio da rede sistêmica complementar e interdependente de relações grupais para o alcance dos objetivos.

27 CAÇA AO TESOURO

Objetivo: encontrar um tesouro após percorrer diversas etapas com desafios lógicos.

Princípios: jogo de múltiplas equipes baseado nas histórias de piratas em busca de um tesouro. O jogo é todo em diagramas e enigmas com regras que, se descumpridas, diminuem pontos. Equipe vencedora: quem chegar primeiro ao local do tesouro, conseguir apropriar-se dele e tiver o maior número de pontos, que serão contados pela comissão.

Recursos e regras:
- cada equipe tem sua cor;
- essa cor estará presente em cada etapa para lhe indicar os próximos passos. Cada equipe poderá apanhar e usar somente o material da sua cor;
- a cada finalização da etapa e saída para a próxima, dar o grito de guerra;
- em nenhum momento, poderão largar ou abandonar seus estandartes;
- há uma tabela de atribuição de pontos, segundo critérios estabelecidos. O maior número de pontos e o tesouro nas mãos da equipe indicam o VENCEDOR. Os pontos serão ganhos por tarefa cumprida e trazida ao final;
- o tesouro poderá ir para o segundo colocado quando:
  A. a equipe que tiver chegado ao tesouro tiver o número de pontos menor que o segundo colocado;

B. a equipe que tiver chegado ao tesouro tiver descumprido alguma norma do regulamento.

Preparar o jogo: criar as provas segundo as condições do espaço. Havendo um parque, várias possibilidades se apresentam. Transformar as provas em desafios para ultrapassálos. Fazer fichas em código com desenhos e demais recursos, enigmas, por exemplo.

Depois de organizado o espaço, colocar os envelopes de cada time no alvo de cada etapa, mas bem escondidos:

- divisão em cinco equipes;
- cada equipe recebe uma cor sorteada;
- cada uma recebe também uma sacola com marca colorida (tecido numa cor diferente para cada equipe), um cabo de vassoura e outros materiais para fazer a sua bandeira;
- caracterizar os demais materiais necessários – que vai depender dos tipos de provas que forem desenvolvidas;
- um envelope com o mapa do local onde se dará a caça;
- deverão dar um nome para a equipe, criar e fazer um estandarte, e, somente depois disso, é que caminham para a partida.

O jogo:

A primeira prova se dá no ponto de partida. Para receber o primeiro envelope, os participantes têm de resolver uma charada.

Deduzir a charada para ter as dicas para a primeira estação.

As equipes são acompanhadas por um monitor, que observa e anota acertos e falhas.

> O tesouro pode ser um valor em caderneta de poupança, uma caixa de isopor toda enfeitada com centenas de moedas de chocolate dentro.

JOGOS DE ESTRATÉGIA

Todos os jogos de empresa com foco no negócio têm em seu bojo a questão das estratégicas financeiras, de mercado etc. e simulam a realidade empresarial para tomadas de decisão, alinhamento de idéias e de ações. Nos jogos a seguir, a minha preocupação foi mobilizar o aspecto comportamental dos participantes, partindo do princípio de que seus papéis, se bem desenvolvidos, em fase madura de desempenho, segundo a teoria de papéis exposta na primeira parte deste livro, podem desempenhar uma experiência real do quanto as pessoas são autoras e atores das decisões estratégicas e suas conseqüências, antecipando as possibilidades e os caminhos técnicos.

28 A TORRE DE HANÓI

Objetivo: descobrir como transportar a torre da casa A para a casa C, usando necessariamente B.

Recursos: várias torres, que se encontram em casas de brinquedos pedagógicos, ou criar um material semelhante com cartões, E.V.A. ou espumas grandes cortadas, seguindo o princípio decrescente, com forma triangular e um orifício no centro. Montar as bases e fazer os pinos com tubos em material plástico. O material é composto por uma base onde estão afixados três bastões pequenos ou grandes, em posição vertical, e cinco a sete discos/triângulos de diâmetros decrescentes, perfurados no centro, que se encaixam nos bastões. No lugar de discos, pode-se também utilizar argolas ou outros materiais. A torre é formada então pelos discos empilhados no bastão de uma das extremidades, que será chamada de casa A.

Princípios: raciocínio estratégico e equipe.

Como fazer: as regras são:
- movimentar uma só peça (disco) de cada vez;
- uma peça maior não pode ficar acima de uma menor;
- não é permitido movimentar uma peça que esteja abaixo de outra.

Inicialmente, utilize apenas quatro peças.

Questão 1 • Qual o número mínimo de movimentos? (Não desperdiçar movimentos.)

Questão 2 • Quais as peças que mais se movimentam? E as que menos se movimentam?

Questão 3 • Qual o segredo que permite jogar bem, sem desperdiçar movimentos, com três, quatro, cinco, seis ou mais peças?

Questão 4 • Sem efetuar o jogo, é possível calcular o número mínimo de movimentos para, por exemplo, nove ou dez peças?

Recomendações: jogar antes de aplicar para poder dar suporte e fazer as perguntas no momento certo; o jogo poderá acontecer somente com o desafio de passar as peças de A para C usando necessariamente B.

29 E LA NAVE VA!!!

Objetivos: a simbologia proposta nesta vivência correlaciona todos os elementos e participantes de uma viagem e de uma embarcação com a proposta da empresa enfrentar o desafio do alcance de resultados, com base em mudanças e transformações que garantam a permanência e o crescimento da empresa.

Princípios:

A embarcação • com necessidades para se manter à tona e navegar: igual às empresas, meio de atravessar águas, calmas e revoltas, da mesma forma que as empresas atravessam momentos calmos e momentos turbulentos. Uma embarcação é uma organização que tem metas, tempo, espaço, concorrências, obstáculos e mudanças de ambiente externo e interno inesperadas e imprevistas.

Os marinheiros • responsáveis pela condução do barco; são suas remadas, içar de velas, controle motorizado e tomadas de decisão que levam o barco ao destino, quando o destino é planejado, comunicado e assumido com comprometimento.

O horizonte • visão, missão e valores da empresa – metas e resultados (conteúdo desenvolvido em apresentação pela empresa). O horizonte é uma personagem que provoca os participantes, instiga-os. Cada um fará parte e será horizonte em certo momento: técnica da inversão de papéis, que aumenta a consciência e a percepção de si e dos outros, do papel de cada um.

▶ **O "singrar mares"** • aventurar-se no jamais feito antes, trabalhar de outra forma, criar e mudar atitudes e percepções; mudar de visão e de pensamento com base nos novos conhecimentos e desafios. Confiar na liderança por entender os vínculos estabelecidos. Papel da liderança, o timoneiro do barco. Também será exercido por várias vezes e diversas pessoas para explorar as dificuldades de se levar o barco sozinho e demais questões pertinentes.

1. Aquecimento: preparar as pessoas para a "longa" viagem para a qual são convidadas por terem as melhores competências para vencer novos desafios e alcançar os objetivos; despedir-se do ancoradouro, o velho porto, e ir para o novo e moderno porto. Examinar, analisar, enfim, organizar-se. Como acessar o barco, técnicas e procedimentos, tomar lugar, papel de cada um.

Uma história relacionada à empresa vai sendo narrada, com metáforas e semelhanças com o momento histórico e o início de uma nova história a ser escrita, mas que depende das "mãos", "cabeça" e "coração" dos "navegantes".

2. A viagem: "dada a partida", o grupo vai imprimindo sua marca à viagem, visualizando o horizonte. A condução do barco é feita por um líder escolhido, mas que será alternado ao longo do jogo. Questões pertinentes: a manutenção do rumo, atenção aos desvios e avisos. Pontos que são questionados e trabalhados: as posições que cada um assumiu, seus papéis, desempenhos (individuais ou em função do time) e utilização dos recursos à disposição.

Esta viagem compreende:

- mudanças de posição e responsabilidades, assumir a tarefa do timoneiro e outras funções;
- são provocadas situações de tomadas de decisão;
- em faz-de-conta, poder "ser o horizonte" que fala e pergunta aos "marinheiros", ser o HORIZONTE, dar vida a esse horizonte que simboliza a visão, a missão e os valores da empresa e o ponto de chegada, mas ao mesmo tempo, gera novo horizonte. Todos serão horizonte e darão voz a ele, estabelecendo um diálogo com os navegantes, atraindo-os, negociando as estratégias. O horizonte contém os objetivos e metas e "chama" o barco para si;
- conceitos organizacionais praticados aplicados à vivência;
- indicadores de lideranças e estilos de liderança;
- indicadores de formas de pensar baseados no "Seis Chapéus" para os participantes perceberem suas reações e como pensam diante de situações (pessimista, cuidadoso etc.). Usar bonés coloridos de marinheiros.

A viagem terá três momentos importantes:

- O desapegar do velho porto e suas velhas construções, sem conforto, do velho porto já não mais seguro, com seu píer sem função e formas de atracar ultrapassadas.
- O percurso, momento nuclear da vivência, pois trata de todos os fatores estratégicos da travessia, pois é preciso atravessar um mar imprevisível, influenciado pelo clima, tempo, a vida do mar, concorrentes – outras embarcações, tempestades, tubarões, sol a pino, vagalhões etc., relacionados com o dia-a-dia interno e ex-

terno, tais como mercado, economia, rumos políticos e demais fatores de influência.

Esta parte estimula os participantes a se organizarem, a ouvirem uns aos outros, a reconhecerem a si e aos outros, a buscarem alternativas criativas e viáveis, a utilizarem suas melhores competências e, principalmente, a estimularem o grupo a mapear as competências e a energia do grupo.

(Este mapeamento e este levantamento compõem um trabalho organizado, com conhecimentos e informações acontecendo ao final da "viagem", durante o processamento planejado com roteiro escrito e feito em subgrupos e painel geral.)

- O alcance ao novo porto, de tecnologia moderna, ágil, com recursos e com possibilidades de grandes embarques, de muita mercadoria, de grandes navios cargueiros e de passageiros, muito movimento, com muita entrada de dinheiro pelos sucessos de negócios, mas que não termina aí, pois existem muitos outros "portos" ao longo do horizonte que nunca desaparece... Mais se chega, mais ele continua a desafiar...

3. Chegada • final da viagem: nesta etapa, o barco vai para seu novo ancoradouro para manutenção. E o grupo poderá propor uma celebração desta etapa, percebendo que não é o fim, e sim uma etapa, pois o horizonte continua a chamar... para outros singrares.

Recursos:

- um barco desenhado no chão com fita crepe ou construído, se for possível, para todos caberem nele;

- usar banquetas leves (de plástico) para as pessoas ficarem sentadas, se quiserem, já que o jogo tem média duração;
- seis bonés com guarnição de marinheiro, cada um de uma cor, seguindo os Seis Chapéus do De Bono;
- um *slide* na parede ou telão com imagem de horizonte;
- seqüência de *slides* de mar e paisagens marítimas como aquecimento.

Finalização – consolidação da aprendizagem:

Os participantes, em pequenos grupos, compartilham, trocam idéias, sensações descobertas e sentimentos com base em sua experiência, seguindo um roteiro escrito com texto customizado para a empresa. Cada grupo se apresenta, formando um painel de aprendizagem e elaboração de conhecimentos sobre a vivência, enfocando as atitudes, ações e papel profissional daqui para a frente.

Debate dialogado, correlações e todos os recursos de entrelaçamento de conhecimentos e conclusões serão facilitados sempre em função dos objetivos e das estratégias necessárias e, assim, divulgadas e internalizadas.

30 PASSA POR TODOS

Este jogo foi utilizado com grandes e pequenos grupos subdivididos em equipes, em cursos abertos e treinamentos. É considerado valioso para a consciência dos participantes quanto às mudanças possíveis do papel de cada um na cooperação, complementaridade e união numa equipe.

Objetivos: quebra de paradigmas, mesmices e sair do lugar-comum.

Recursos: bambolês em quantidade correspondente ao número de subgrupos.

Como fazer: o bambolê corresponde ao produto a ser entregue ao cliente, em tempo cronometrado, cada vez menor, e deverá passar por todos como processo para chegar ao cliente. A senha é: "o bambolê deve passar por todos".

Regras: os participantes de cada grupo se dão as mãos e não podem se desligar em hipótese alguma. Poderá ser utilizada qualquer forma corporal para resolver o desafio.

História • um cliente muito exigente exige o produto em prazo tal.

1ª rodada • tempo calculado com cronômetro pelo facilitador de cada equipe.

A partir do tempo obtido, o facilitador, em nome do cliente, expressa que o prazo é longo demais e desafia o grupo a fazer diferente para diminuir o tempo. Geralmente os grupos aceleram a repetição dos mesmos gestos ou corrigem alguém no percurso.

São três a quatro rodadas, desafiando o grupo até o momento em que algum participante propõe fazer diferente (às vezes, é preciso uma dica).

Resultado: o grupo chegará a um tempo mínimo da "passagem do produto bambolê" quando o bambolê ficar parado, seguro por uma pessoa (que pode ser o facilitador), e todos em fila indiana, sem desgrudar as mãos, passarem por ele – mudanças de fazer – inovação sem quebras de regras.

Processamento: cada grupo retoma o processo, assinala pontos importantes, reflete e conclui, com a participação do facilitador, fechando conceitos e comportamento de uma equipe.

31 ESTRATÉGIAS COMPORTAMENTAIS DO LÍDER OU O QUE VOCÊ FARIA?

Trata-se de um jogo que desafia as atitudes da liderança e que é realizado presencialmente, por meio de teatro de reprise e participação ativa do grupo, ou pela intranet, por intermédio de material filmado com atores ou em *flash*. Nas duas opções, os líderes são ativamente mobilizados e devem opinar, argumentar e resolver por meio de grupo de discussão ou fórum internos.

Objetivo: ampliar a visão e os conhecimentos das questões comportamentais, de relacionamento da equipe. Trazer à tona questões funcionais que alteram a dinâmica de uma equipe.

Princípios: liderança em ação agregadora. Valores e ética. Por ser interno à empresa, este jogo não indica vencedores/pessoas, mas sim as melhores estratégias. Em nenhum momento, estes resultados deverão se transformar em regra ou norma de conduta da liderança, mas devem ser usados, sim, como quadro referencial.

Como fazer: são *cases* do cotidiano da empresa, que reproduzem situações de relacionamento entre os funcionários e que desafiam a liderança na resolução e tratamento de cada caso.

Case 1• Exemplo: promoção prometida e negociada com o líder anterior (gerente transferido) e não concretizada pelo novo gerente.

Case 2 • Funcionária recém-contratada que "joga", usando subterfúgios em relação à funcionária com mais tempo de casa, para se valorizar diante do chefe!

Regras: usar argumentações e fundamentação das decisões.

Senha: Se você fosse o líder, o chefe ou o diretor, o que você faria? E por quê?

O tutor/instrutor do programa deverá sempre fazer questionamentos sistêmicos e colocar os participantes em diversas posições e ângulos de percepção, além de exigir, como regra, argumentação e fundamentação.

32 ESTRELA DE CINCO PONTAS

Objetivos: a equipe toda desenvolverá uma estratégia especial para formar uma estrela de cinco pontas com uma corda.

Princípios: a importância da visualização.

Recursos:
- uma corda grossa e sedosa com a metragem de 0,75 cm por participante;
- máscaras ou bandanas para cada um.

Como fazer: um grande círculo de pessoas mascaradas, sem poder enxergar, com espaço entre elas. Passar uma corda pelo lado de dentro do grupo; cada pessoa segurará a corda com as duas mãos. Cada ponta ficará com uma pessoa. Senha: formar com a corda uma estrela de cinco pontas. O grupo deverá fazer esta tarefa jogando com seus recursos. Para isso, deverá pesquisar os recursos e jogar com eles para atingir o objetivo.

Processamento: após o grupo considerar que atingiu o objetivo e que ganhou o jogo, todos tiram as máscaras e avaliam sua produção e comunicação.

...

REFERÊNCIAS BIBLIOGRÁFICAS

BOAL, A. *200 exercícios e jogos*. São Paulo: Civilização Brasileira, 1982.

BONO, E. *Criatividade levada a sério*. São Paulo: Pioneira, 1994.

COURTNEY, R. *Jogo, teatro & pensamento: as bases intelectuais do teatro na educação*. São Paulo: Perspectiva, 1980.

DATNER, Y. "Jogando e aprendendo a viver". In: MOTTA, J. (org.). *O jogo no psicodrama*. São Paulo: Ágora. 1995.

DATNER, Y.; WINKLER, J. *Psicodrama na empresa: mito ou realidade?* Anais do II Congresso Ibero-Americano de Psicodrama, Águas de São Pedro (SP), 1999.

HUIZINGA, Johan. *Homo ludens: o jogo como elemento da cultura*. São Paulo: Perspectiva, 1978.

KÜLLER, J. A. *Ritos de passagem*. São Paulo: Senac São Paulo, 1996.

LABAN, R. *O domínio do movimento*. São Paulo: Summus, 1978.

LAUAND, J. L. "El lúdico en los fundamentos de la cosmovisión de Tomás de Aquino". *Revista Internacional D'Humanitats*, Barcelona, v. I, p. 59-100, 1998.

MORENO, J. L. *O psicodrama*. São Paulo: Cultrix, 1987.

_____. *Psicomúsica y sociodrama: cinematografia y TV*. Buenos Aires, Hormé, 1977.

_____. *Quem sobreviverá? Fundamentos da sociometria, psicoterapia de grupo e sociodrama*. Goiânia: Dimensão, 1994.

_____. *O teatro da espontaneidade*. 2ª ed. São Paulo: Summus, 1973.

RUBINI, C. "O conceito de papel no psicodrama". *Revista Brasileira de Psicodrama*, v. 3, fascículo I, 1995.

SCHÜTZENBERGER, A. A. *Introdução à dramatização – O sociodrama, o psicodrama e suas aplicações no trabalho social, nas empresas, na educação e na psicoterapia*. Belo Horizonte: Interlivros, 1978.

WEIL, P. *Psiquiatria do século XX – Funções dos universais: tempo, espaço, realidade e cosmos*. São Paulo: Cepa, 1970.

YOZO, R. Y. K. *100 jogos para grupos*. São Paulo: Ágora, 1996.

•••

www.gruposummus.com.br

IMPRESSO NA
sumago gráfica editorial ltda
rua itauna, 789   vila maria
02111-031 são paulo   sp
tel e fax 11 **2955 5636**
sumago@sumago.com.br

GRÁFICA
sumago